上海市闵行区文化发展专项资金扶持项目

大治河畔

DA ZHI HE PAN

陈公益 著

文汇出版社

序

陈老将书稿托付给我时，正值立冬刚过，秋的气味还在驻足，冬的凛冽还未降临，一切都刚刚好。

仔细阅读了这本书，脑海中倏然浮现出两个字："先生"。先生这个词有很多解释，其中有几个：表年龄比自己大的人；先接触到陌生事物的人；年长有学问的人；老师；文人、学者等。

书中记录着各种各样的先生——有奠定今日浦江通达繁华的浦江合流第一人叶宗行，承治水之志向、开理水之先河，堪称"先生"；有浓缩着浦江文脉传承的周氏家族，逢治乱更迭，启云间文风，知民间疾苦，现伟岸傲骨，堪称"先生"；有以笔为枪、以墨为弹的战地时政记者陆诒，在抗日战场辗转国共两方，以真实犀利客观的笔触勾勒出将星璀璨的群像，以一己之身描摹出气势磅礴的抗日鸿篇，堪称"先生"；有深耕传统文化、坚定文化自信的非遗手艺人，将初心贯穿于始终，将匠心发挥到极致，堪称"先生"。从杏林到梨园、从行伍到田垄、从杏坛到府衙，书中的先生们各自散发着独特的人格魅力、鲜明的性格特点和雄浑的文化底蕴。正是他们，汇聚起了浦江源远流长的赓续血脉，承托起了浦江生生不息的人文未来。

阅毕掩卷，忽然发现书中还有一位隐藏的"先生"，无所在又无处不在，就是本书的作者陈公益先生，正是有了他，史书不再下笔太狠，写出一个个立体丰满而有血肉的人物，带领读者一起体味他们起伏跌宕的人生；正是有了他，刀笔不再冰冷凉薄，小人物和大人物们的欢喜悲哀在历史的夹缝中肆意生长、迎风飘扬；正是有了他，那些渐渐褪去的色彩得以重现，那些曾经在这片土地上爱过生活过的祖先只是远去，却从未凋零；正是有了他，让浦江这一方的水土灵动鲜活，通过其严谨翔实的考证，辅以生动活泼的照片，让我们在深厚历史脉络的一隅，也知道了葫芦的套板、农船的制式、屋宇的形态、洞窗的寓意，令人耳目一新、趣意盎然。因此，陈公益老人值得我们称一声"先生"。

2024 年 11 月 12 日

目录

序 ···001

东江——闸港——大冶河 ··001

南畔 ···001

盛名犹在世 壮事亦流芳——几社翘楚周立勋 ······················003

惠政而福苍生 作诗而荣学林——"骚客"知府周茂源 ···········007

墨花浮出传奇美 商羽谱成忠义情——清代戏曲家周稚廉 ········015

周纶：为民请命的书生 ···025

瀛台翘楚周金然 ···030

回荡在大冶河畔的江南丝竹 ··040

一个由盐业兴起的集镇：叶家行 ··044

一本有价值的家谱 ···049

北　畔 ……………………………………………………………053

驰名浦东的观涛书院 ………………………………………055

王郁天与大江中学 …………………………………………062

稻香何处不入梦 ……………………………………………066

现代医学背后的人 …………………………………………076

中国近现代漫画的鼻祖 ……………………………………082

清泉汩汩琵琶情——浦东琵琶大师倪清泉 ………………093

杰出的战地记者陆诒 ………………………………………098

乡音乡愁 ………………………………………………………155

君与钱塘万古清，浦江与君万古流——叶宗行事迹展示馆 …………157

农耕文化的精彩，人们永远的怀念——农船文化 ……………169

艺术的华章，理想的寄托——屋宇吉祥图 …………………177

丰富多彩的窗 ………………………………………………184

主要参考书目 …………………………………………………188

后　记 …………………………………………………………191

东江——闸港——大治河

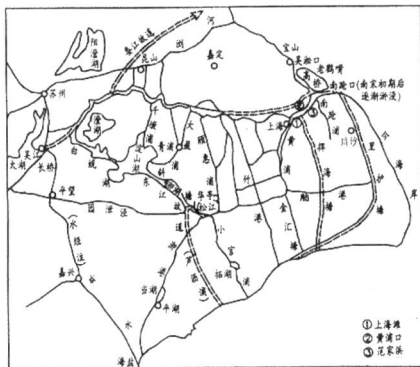

黄浦江历史变迁示意图

古代有条为太湖及浙西众多湖泊泄水的河叫东江。东江原是流经由拳县（又名由卷县。秦置，治今浙江省嘉兴市南）从澉浦（古水名，在今浙江省杭州湾北岸）入海的。唐代筑了海堤后，东江在松江城西北处倒流入吴淞江并朝东北方向流去。在去大海的路上，在今天"闸港"处它们又分手了。一条，在南宋时被称为黄浦（元明称大黄浦）的河道继续向今龙华方向流去；另一条，仍被人称为东江的河道，则向东流入大海。

明永乐元年（1403）治水大臣夏原吉采纳本地书生叶宗行的创新建议，并给予全力支持：将今天上海外滩一带的范家浜拓宽拓深，让它上接

开挖大治河场景

2

在疏挖大治河时，挖到一条载重16吨的宋代9舱木船，旁边还有一条小船

黄浦，下接吴淞江，形成浦江合流，然后牵制它截过淤塞的吴淞江，自己朝东北入海。（今天的吴淞口，实际上是黄浦江的入海口，因为人们不明情形，至今仍叫它吴淞口。）

浦江合流后，水量不够大，流速不够快。于是，叶宗行在今天的"闸港"处造了水闸，将东江上游来的水拦住，迫使它同黄浦一起朝北流去。这样，极大地加大了黄浦的流量和流速，经过无数个昼夜的冲刷，形成了今

寻觅黄龙浦古河道

大治河汇入黄浦江口

老的石板式水闸

3

新的桥式水闸

天的黄浦江（清代始名，江为河道的最高称谓）。

东江被水闸截流后，人们遂不再叫它东江，而称它为"闸港"。

为发展农业生产，1978年11月至1979年4月，上海县政府组织全县力量，对"闸港"进行了拓宽拓深，使之成为浦东最大的河道之一。此后，"大治河"便替代了"闸港"，成了这条河的名字。

古代运盐湾的集镇——叶家行

盛名犹在世 壮事亦流芳——几社翘楚周立勋 / 惠政而福苍生 作诗而荣学林——"骚客"知府周茂源 / 墨花浮出传奇美 商羽谱成忠义情——清代戏曲家周稚廉 / 周纶: 为民请命的书生 / 瀛台翘楚周金然 / 回荡在大治河畔的江南丝竹 / 一个由盐业兴起的集镇: 叶家行 / 一本有价值的家谱

盛名犹在世　壮事亦流芳
——几社翘楚周立勋

　　湾周，这个位于大治河畔的小村落，现在很少有人知晓关注。当我走近它时，它是那样的普通平淡。当我得知那条小河的名称时，流动在小河里的历史和蕴藏在浦东闲话里的故事，渐渐地在我眼前鲜活起来。

　　一千多年前，自西而东的黄龙浦在奔向东海的旅程中，不经意地在这里画了个细长的弧度。这个蟠曲的大湾被人们赋予了形象的名字——鹤颈湾。生活在湾里的周姓之家，谨守着耕读传家的古训，在辛勤农耕的同时，对教育文化有着异乎寻常的执着。相传，某县令乘舟夜发到湾，听见岸上声响嘈嘈，便问船工："上面为何这般热闹？"船工说："这是周家的读书声。"县令听后叹羡不止。周氏经过几代人的勤奋积淀，成了富甲华亭而又人文蔚起的大姓望族。据记载，自明代天启、崇祯及至清康熙年间，周家应岁科试者有五十余人，"湾周"之名由是享誉浦东。周立勋就是为"湾周"绘声绘色的重要人物。

　　周立勋生活的年代，正是明朝晚期，经济发展和政治腐败共存，专制强化和个性解放同时，社会矛盾日趋尖锐。面对明王朝的重重危机，周立勋与广大基层知识分子一样，忧心如焚，思谋挽救王朝于摇摇欲坠之际。

然而，他们虽有锐意经世之心，却每每落魄文场，少有一展抱负的机会。可历史的进程常常使人费解，最终，正是这样的一批文人自觉地担起了救亡的重任，他们在各地纷纷成立了带有政治性质的文学社团，如嘉兴的应社、娄东的复社、江北的匡社、中州的端社、浙东的起社、浙西的庄社、黄州的质社，等等。文士奋起，各组坛坫，争鸣文学，评论国事，建言献策，展现了书生的本色和价值。

当时，云间的陈子龙、夏允彝尚未著名，周立勋主动和云间文士及四方名士"先通声气"，多方联络。经过周立勋的协调和沟通，于崇祯二年（1629）与夏允彝、杜麟征、徐孚远、彭宾等人在松江成立几社。陈子龙"闻是举也，奋然来归"，遂有几社六子之说。几社之名奇特而有深义，据陈子龙《社事始末》所言："几者，绝学有再兴之几，而得知几其神之义也。"即几社以复兴古学作为宗旨，以振兴文学的传统精神作为自己的使命，以科举经世作为圭臬。

4

为践行自己的承诺，实现自己的主张，几社成立之后，同人仿梁园、邺下之集，每月于夏允彝的花园浜、陆树德的南园、彭宾的春藻堂、周茂源的素园高会雅集；按兰亭、金谷之规，诗酒唱和，抵激污流，指诃失政，砥砺著述，至壬申而集成。是集，就是流传至今的《几社壬申合稿》。《几社壬申合稿》"上溯三百，下迄六朝"，体裁齐备，词瑰文雄被时人誉为凌古烁今之作。合稿中收周立勋诗六十余首，文十多篇。

周立勋的诗歌，不论骚体乐府，还是绝句排律，都达到了"举体秀亮，中无芜蔚，指事造形，动得渊畅"的艺术境界。那些抒发为国担忧、为君分忧思绪的诗句，以及揭露阉党祸国、贪官暴征的诗句，如"浅草杂黄云，帐下虎方踞"（《折杨柳歌·其二》），"应分帝子泪，瑶瑟埋湘弦"（《再过淀山湖》），"悲哉大国风，田横不可作"（《惜捐·嗟贤人去国》），"疾耕待秋税，无为官长嚣"（《田家诗》），等等，成一时传诵。

周立勋的诗歌，"锵锵振金玉，句句欲飞鸣"，而他的文章则"如九曲明珠耐人寻索"。现录"三论"的开篇部分，以享其"通雅修度"之美——

夫上下之位有常也，乘之者岂有常哉。吾观易之为书，尊阳抑阴。阳宜上，阴宜下，然而刚柔相杂，居进退互胜。阳不徒吉，阴不独凶，义尽于乾坤矣。（《易论》）

兵者治乱之具，君得之制其臣，臣得之制其君，不得已而用之者，非圣人之言也。孔子观尚书，深著其事。（《书论》）

天下之人皆欲有言于上，而上不得闻，上不得闻，而过日积，风俗日坏，而莫之风止。是故君臣之间，寥廓蔽塞，虽愿治之，主无由考其得失，睹其成败。欲不至作乱，得乎及观乎诗，然后知圣人忧天下之深也。（《诗论》）

周立勋的《讪蜂文》《尸虫说》很有寓言的味道。文章通过对蜂和虫的描述评说，讥讽了社会上的丑恶现象和小人的无耻行径，具有警世醒人的作用。

《几社壬申合稿》的刊行，扩大了几社和几社人员的影响力，松郡文人学士如王光承、王烈、杜麟征、徐凤彩等，先后入社；周立勋的伯父周茂源、族兄弟周龄远、周寿王，在立勋的激勉下，也加入了几社。一时，几社人才济济，力量日强。以后，几社又汇刻了由周立勋和几社其他五位同仁作序的《上巳宴集诗》等多部诗文集，由是几社的声誉益加隆盛，名动朝野。几社和复社一起成了东林党的后劲。

为圆自己经世救时之梦，几社成立后的第二年（1630）六月，周立勋和陈子龙、徐孚远北上金陵，参加应天乡试。他们寄寓在谢公墩佛舍，专治举子学业，迎接科场考试。同时参考的复社领袖张溥乘机发起金陵大会，周立勋、陈子龙、徐孚远，和同在金陵应试的吴伟业、黄宗羲等学士都参加了大会。这是一次文化界的群英会，秀才们切磋学术意气高涨；议论时务，扼腕顿足；针砭朝政，指天画地，大有挥斥方遒之势。这次，周立勋虽未中举，但他没有

素园（周茂源宅，后为钱以同宅）

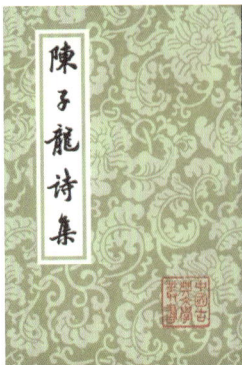

气馁，回家后他一边刻苦自砺，埋首读书，准备科考，梦想跃过龙门去挽救病入膏肓的朱明王朝，一边和陈子龙等同人一起肆力创作诗文。他先后为陈子龙的《岳起堂稿》《陈李倡和集》《白云草》等诗集作序，在推崇陈子龙诗歌的同时，宣传几社复兴古学的宗旨成就，强调几社复古为今用的经世主张，为几社的发展营造了氛围，创造了声势，作出了奉献。有记载说，当时，许多士子"以不入几社为憾、为耻"。

崇祯十二年（1639）周立勋再次就试金陵，不幸客死金陵。天伤哲人，同人悲恸无语，吊以祭诗。宋辕文哭云："山阳玉笛异时情，《天问》灵均意不平。纵使未堪轩冕贵，何妨白发老书生？"陈子龙出钱葬之，并"为诗八章以哭之"。其一："摇落周生后，风流顿黯然。盛名犹在世，大雅竟谁传？穷巷悲横笛，高山欲断弦。华亭双白鹤，何日是归年？"其三："海内推吾党，何人可共攀？生当元凯世，名在顾厨间。文字垂三象，精灵叩九关。藏书并埋骨，突兀此青山。"奠诗悲而有壮、颂而有情，扬而有实，感人肺腑。

出师未捷身先死，周立勋的生命陨落了，但他的名字及他和同人们创立的几社却成了后人铭记这个时代的一个印记。

惠政而福苍生 作诗而荣学林
——"骚客"知府周茂源

周茂源（1613—1672），字宿来，号釜山，出生于今大治河东段的湾周。"明季入几社，与陈子龙，夏允彝、李雯为友。允彝子完淳即出其门"。顺治六年（1649）进士，仕宦时，行事循几社"经世务民"之道。

一

顺治六年，周茂源奉使恤刑河南，平反了数以千计的冤假错案，得到社会和朝廷的认可。十三年（1656）升任处州知府（今浙江省丽水地区）。

处州城门

处州地处山区，崇山茂林，交通阻隔，人烟不通。从府城到瓯城，山高水险，历来无路，严重影响了民众的日常生活。为加强军事防卫，改变百姓的出行困境，恢复凋敝的民生，周茂源思谋率领驻军开辟一条从府城到瓯城的道路。经上报朝廷批准，工程于顺治十五年（1658）二月启动。

工欲善其事，必先利其器。开工前，周茂源亲自督造了数以百计的铁锤、铁锥、长镬等筑路工具。而运石、搬土、伐木等劳作，需要大量的人力，单靠军队还不够，于是，他又招募大批流民参与其事。为保证工程的质量、进度，周茂源张榜招募了一批会路径勘设、工料计算、凿石铺路、绳木

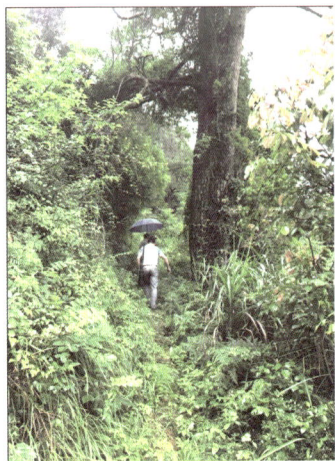
寻找古路

加工的能工巧匠，并给以口粮等优惠待遇。

"百步九折萦岩峦"，从州府到瓯城，几乎是一步一巨石，一步一悬岩，曲曲折折，盘盘绕绕，施工极为困难。面对拦路虎，周茂源不畏惧、不蛮干。对付巨石，他让民工用枯枝朽木把石头烧得滚烫发红，然后将浓烈的酸醋倾浇到滚烫发红的巨石上。一热一冷，一碱一酸，巨石訇然崩摧，障碍扫平，道路延伸。对付悬崖峭壁，周茂源采用诸葛亮的办法，在峭壁处凿洞架木，构栏铺板，铁索牵固，于悬空中筑就"天梯石栈相钩连"的栈道。如缙云的荆坑、丽境的厉君坛、青境的老鼠梯等处都是这样。栈道宽可两马并辔，平实而坚固。人马车辆在上面行走，如履平地。过去连猿猱也不敢攀援的地方，如今变成了畅通之道，真是无法想象。据记载，这条北起缙云缩头岭，南抵青田温溪浦的盘山大路全长达三百五十余里。

处州东部道路开通后，周茂源又奉命开凿了一条自府城至松阳、遂昌，接三衢、龙游，全长二百二十余里的道路，有效地解决了州治北境的交通。

由于常年的兵祸灾荒，官僚体制的贪污腐败，从州府到云台、龙泉的道路年久失修，桥断路坍，长满了榛荆杂草，已经无法通行。这条浙东地区通往闽地的唯一重要驿递之道，必须畅通无阻。于是，周茂源马不停蹄又奉命带着原班人马去了筑路前线。他披星戴月、餐风饮露地指挥施工队伍逢山开路，遇水搭桥，在较短时间

崖壁上的周茂源字

内，将掩没在荆棘丛中的残崖断路，筑成了通衢大道。

从处州府城到缙云的道路，由于暴雨冲淹、泥石堆埋，加上护养不善，坑坑洼洼，崎岖不平，行人车马无法畅行，百姓怨声载道。又是一年的秋风萧瑟之时，周茂源奉命挥师北上，在原有道路的基础上加宽筑平，使险峻险仄之路化为康庄大道。短短的几年时间里，原来落后闭塞的处州，一下子变成交通四通八达、乡村日趋富裕、农民安居乐业的州府。周茂源劳苦功高。

二

明清易代的战争特别残酷，持续时间特别漫长，对社会经济、生产、生活造成了极其严重的破坏。农村破败、土地荒芜，人畜锐减，农民生活痛苦不堪。为切实了解农村、农民的现状，掌握第一手材料，周茂源亲自下乡巡察，疏明某村某里何日被烧毁，某丁某户系何寇屠杀，某家人口几何，目前困苦状况如何，皆一一登记造册。同时，发令各县都要将查访的真实状况上报州府，不得瞒报，不得"磨糊"。然后，根据各地调查的情况提出解决方法，并布告全州：每户给牛一头，每人给米一石，每亩给种子七升。其牛照常规看养，不收牛租；其米，秋收还仓，不问利息。这一实实在在的惠民政策，给农民吃了定心丸，最大程度地调动了农民的积极性，从而使大批流民、农民复回农事，荒地日僻，良田日增。根据记载，这一惠民政策的落实，仅松遂等县在两年里就"垦荒之田达六百九十六顷有奇"。农耕经济逐渐得到复苏，农民生活逐渐得到改善。

顺治十八年（1661），温州发生紧急军情，宪檄调五千民夫赴温州拉炮。时值农忙

插秧时节，如果误了这一农事，将造成秋收无一籽的悲惨局面，万民蜂拥到州治衙门，呼号请愿。周茂源在接待请愿农民时，恻然泪涕不止，抚慰万端。为民请命，是地方官的爱民担当，他立即上疏实情，希望皇上收回"征役"之命。皇上准批疏章，从而有效地保护了农民的利益，稳定了社会。

周茂源的各种惠民政策，使处州在不长的时间内，较快较好地从兵祸带来的创伤中恢复，处州一方呈现出前所未有的、人人笑逐颜开的好局面。

三

周茂源是几社宿老，从未遗忘过几社"经世务民"的宿志。他既十分重视百姓生活的硬件建设，也十分重视百姓心灵殿堂的建设。在州府经济并不宽余的情况下，想尽办法挤出滴点资金，用三年时间，分期分批将文庙的圣殿、讲堂，及名官、乡贤两祠，做了换梁、增庑、固墙等重大工程，使文庙、祠堂焕然一新。孔庙是中国传统精神文化的象征，重修文庙，重振儒教，抚慰了人们对信仰的崇敬之心，起到了无形而有力的教化作用，

凿在山石上的周茂源字。

丽水新貌夜景

有利于社会的安定和进步。

在清朝严苛的政策压榨下，一些农民被逼无奈，上山结寨为王。对这些上山的农民，周茂源不敌视、不轻视，尽力免用刀枪，而是极力采用安抚的办法，劝导他们放弃山头。不少农民在周茂源的感召下，弃山归附。对归附的农民，周茂源用很人性化的措施帮助他们。凡本州农民，愿意回村垦荒种田的，既往不咎；凡健壮者愿意留下的，编入官方队伍；家在外地的，给以证照帮他回乡，并劝以从事农耕。

用民间的道德典范来化育百姓，是最有感化力的好方法。一天，有个叫胡深的撑筏工，将客人遗忘在竹筏上的一只篚子上交到州府。周茂源觉得这人非常诚实，十分难得，为之亲自写了招领失物的榜文，并让人各处张贴。有个从闽地来的客人找到知府，向周茂源讲了他遗忘篚子的时间、地点和篚中物件，周认为他讲的跟胡深上交物件的情况相吻合。开篚一看，里面都是文犀、明贝等物品。客人留下一半宝贝作为奖偿后就走了，再也没有回来。为了旌表胡深和闽客的崇高品德，周茂源请示上司后，将客人的奖品换成钱币，再用这钱币在郡署后面造了一幢高楼，名曰"撷秀"，以此号召人们向这两位道德高尚者学习，做一个有道德的人。

周茂源为育化处州崇高道德价值生态所作出的奉献，至今让人念想。

四

周茂源生而颖异，读书数行俱下。十岁时，他将自己写的文章给老师评阅，先生怀疑文章是抄袭之作，后经测试确是茂源所作，先生遂辞席而去。夏允彝同文友刻《云间薛崖集》时，周茂源有数十首诗入选。后来，夏允彝聘茂源做他儿子完淳的老师。诸师中，完淳独独折服周茂源的诗歌词章、陈子龙的学问骨气。

慧眼识英雄。明末清初，在云间众多的骚人墨客中，周茂源和他的长子周纶、孙子周稚廉的诗词成就甚为显著，被诗人张军延称为"湾周三词人"。

周茂源《壁上词》中《鹧鸪天·夏雨生寒》一阕，在寻常情景中写出别样的情感，给人以俗题新意的感受——

　　　　夜雨空阶滴到明，香篝拨火熨桃笙。残莺唤起无聊懒，晓镜看来太瘦生。

　　　　人似雁，屋如萍，江城水涨白鼍鸣。冲泥细马腥红闉，五月披裘半老兵。

　　周茂源《鹤静堂集》中有诗歌十三卷，其诗宗汉魏，字工切，句稳健，意深浑，华实相得，善于比附，题材多样，各体俱工。

　　《同郡五君咏》是忆念几社旧友的感怀之作，所选两首，分别颂扬了夏允彝、陈子龙精忠报国为国捐躯的高风亮节——

　　　　黄门好奇计，文采为国琛。骨鲠终见弃，离忧思难任。精卫穷木石，冲波一何深。九京不可作，同怀愧华簪。（《陈黄门卧子》）

　　　　夏子执亮节，荣名善自保。举身赴清渊，大荣存怀抱。虚室有遗经，扬鸟乃速天。我行昆山阴，西州起悲悼。（《夏考公瑗公》）

　　处州为政之余，周茂源扬仡风雅，写了不少有关处州风物和社情民意的《杂诗》，很有历史质感，现选摘几则于下：

　　　　立郡何荒鄙，人间一敝庐。草深难射雉，湍急不生鱼。耕耨违芒种，征徭急羽书。尝闻东野御，况乃困穷余。

　　　　去岁逢春暮，工徒正伐山。机桥通窄岩，木阁俯潺湲。吏病柴车敝，衢成鬼斧间。阴平非昔日，畴复议当开。

叠嶂箐篁蔽，劳人去路长。野餐乌啄肉，晨起兔投囊。传乘期原促，褰帷问未详。所嗟青垅麦，马作杜蘅尝。

百道飞泉触万松，四周山色隐芙蓉。悬崖直界寒湫落，疑似青天挂白龙。

《地震》是一首纪实诗，真实地描绘了地震时人类和自然界的情状，值得一读：

戊申六月中，既望越翼日。大地忽震惊，漏下甫三商。

声若鸣天雷，势疑转鳌极。民人动如烟，股战不得息。

枥马皆崩腾，街衢噪终夕。夏畦蹶然兴，谁复帖祍席。

野夫栖旧山，散帙至昏黑。独酌且长谣，酣卧无反侧。

旦起听民讹，杞忧方悱恻。微闻十旬来，经天见太白。

周茂源晚年从自己的财产中分出一部分，以厚恤允彝女儿及嗣孙，为人称道，声望日著。夏允彝父子殉国后，归葬于松江昆山附近，迫于当时环境条件的制约，仅是浅土入葬。二十年后，周茂源和盛珍士又卜地予以重葬使允彝与妻儿、完淳与父母得以地府相聚。周茂源有《同盛珍士进士为夏考功夫妇合葬》诗记之：

冈头刺眼杜鹃花，手为披榛覆浅沙。

愧我余生非杵臼，多君执义类侯芭。

荒祠麦饭经年缺，破冢渔灯此日赊。

堪叹平陵松柏在，国殇殁后久无家。

周茂源跟他同时代的著名诗人吴伟业常相往来，互有赠诗。其中写于康熙十年（1671）春季的《同吴梅村祭酒虎丘闲步，遇姚文初孝廉，为头陀》一诗情深意厚，被人目为最佳友谊诗篇之一：

夏氏父子墓

幅巾方杖步林丘，携我生公台下游。

曩为写经曾再宿，近因行药且三休。

晴春放眼繁花丽，丧乱惊心老泪流。

皓自投空何处客，相逢还唱白浮鸠。

白云寺

　　之前，釜山（周茂源号）还有《赠吴梅村先生四十二韵》。是年十二月，梅村谢世，釜山作《挽吴梅邨祭酒》，词切情苦，意象怅然——

> 朱扉寂寂掩青楼，万卷牙签黯未收。
> 早岁青云终薄命，衰年白日动深愁。
> 阮公避祸非耽酒，陶令还山不待秋。
> 苦忆淮王鸡犬句，知君竟返旧昭丘。

　　釜山的部分绘景状物、江山吟眺的七律，脍炙人口，传诵一时——"隔岸青山神禹庙，中流白浪伍胥潮。"（《舟泊钱塘》）"燕子春归春雨后，桃花半老夕阳中。"（《城隅晚眺》）"龙女乍回香径湿，雁王初下夕阳迟。"（《雨后过回龙庵》）"淡月啼螺女，阴风舞蜃郎。"（《汀州道中》）"细雨红蕉叶，清风白葛花。"（《赣江舟中》）"台前乳鸽穿香积，木杪吟猿倚翠屏。"（《泊丽水九龙村宿僧舍》）"群楼北望郁岧峣，绝顶烟林鹿苑遥。参悟欲寻金粟果，行吟先发白云谣。一从开士留飞锡，时引高人度石桥。最是方塘凝碧处，夜深恐有老龙朝。"（《白云山》）

　　釜山诗词，如琼璜圭璧之陈于太庙，如梗楠杞梓之列于邓林，永润后代。

　　周公茂源，当官惠政而福苍生，为文著述而荣学林，卓荦英才，辉映江左。

墨花浮出传奇美 商羽谱成忠义情
——清代戏曲家周稚廉

明清易代的社会剧烈变动，震撼了一大批汉族知识分子的心灵。这批有着责任担当的文人，利用清朝忙于统一战争、无暇顾及文事的环境，进行文化创造，有意识地总结朝代兴亡的历史教训。其中部分文人在词章之余，选择写作传奇来抒发他们的思虑、悲愤和难言的隐衷。他们或写传奇以鞭挞明代的宦官奸臣，因为他们心中有一个不变的心结，那就是明代的宦官奸臣是导致明王朝最终灭亡的祸由；或撰写传奇以彰"忠孝节义"而答吴三桂之流的贰臣贼子；或作传奇反映社会生活、反映社会斗争以表达底层民众的感情愿望。

从湾周书香门第里走出来的周茂源孙周稚廉，就是这批文人中的一位。

周稚廉（约 1661—1701），字冰持，号可笑人。自幼天赋颖敏，读书日以寸计。尝游浙中，正值西湖文会，冰持立就《钱塘观潮赋》，举座愕眙，皆欲与之相识，他却挂帆而归，人目之为清狂。又尝自署门联云："论家世如阁帖官窑，可称旧矣；问文章似谈笺顾绣，换得钱无"。骄矜自负，极是疏狂。他的舅父王鸿绪为朝中大官，携其入京，台省诸公毕集一堂欲识周郎。冰持出踞高座，引刀割肉，旁若无人，众曰为狂士。冰持才名籍甚，傲世不羁，却屡试不中，仅为诸生。

风流落拓的冰持，虽然科场失意，但决不与岁月媾和，他重新规划了自己的前行方向——将牢愁之语、讽喻之言、心中之块，诉诸笔墨，进行有意识的创作活动。除诗词之外他还创作了十余部传奇，收在《容居堂三种曲》中的有《珊瑚玦传奇》《元宝媒传奇》和《双忠庙传奇》。在这三部传奇中，周稚廉融入了丰富的民俗风习事象，如：女子焚香祝拜寄托自己夙愿的俗事；女孩佣身抵债化钱赎回的风习；乌鸦鸣叫为不祥之兆的俗说，阴司冥判惩戒世人的俗念，等等。这一作家个性化的烘云托月手法，突出了"忠义"主题，增强了舞台效果，提升了传奇艺术意境，为后人所乐道。

《双忠庙传奇》是一部扣人心弦的戏剧。故事大要写明代弘治、正德年间，清官舒模和御史廉国宝因弹劾太监刘瑾及跟刘瑾相勾结的奸臣吏部尚书焦芳，被刘、焦陷害惨遭杀害。为斩草除根，刘、焦诬陷舒模之子舒真犯有"毁谤朝廷"之罪将其逮捕下狱。在缇骑到莫府前，舒真的家仆王保男扮女装，携舒真子珍哥逃亡至奉祀公孙杵臼和程婴的双忠庙。珍哥没有奶吃，庙神使王保隆乳而流乳汁，乃将舒氏遗孤珍哥抚养成人。廉国宝女儿亦被乳母石氏救出。石氏死后，廉女无依无靠，四处流落。一日，太监骆善奉命到民间选美，廉女被选入宫。骆善同情廉女的悲惨遭遇，将廉女和其他秀女悉数放还。骆善将廉女女扮男装后，两人一起逃至双忠庙，神赐骆善生须而得以避祸。珍哥和廉女同栖双忠庙，互知身世，渐生感情，缔联姻盟，结为夫妻。后来，廉女借写画机会入宫。在为皇后写容时，向皇后诉说两家的冤情，遂得以冤情上奏，刘瑾伏法。王保、廉女、骆善三人复装。骆善和王保也被朝廷录用。

故事与春秋时晋国公孙杵臼、程婴救护赵氏孤儿之事，有点相似。

《双忠庙传奇》是由文人案头传奇迈向演出戏剧的过渡之作，改变了以往以曲词为核心的戏曲观念，不但曲词质朴，宾白带有方言的特点，而且将戏剧的结构放到重要的位置，增强戏剧性和演出效果。《双忠庙传奇》剧情分舒家、廉家两线展开，然始终以舒家为主，廉家为辅，中间相互穿插，最后把两条线索合而为一，圆满结束。给人一种情节紧凑简单，冲突有张有弛，人物性格鲜明的"戏剧感"。

《双忠庙传奇》是一部具有一定民间意识，"风人惩劝"，弘扬中华传统道德思想的传奇。它最大的成功是，用剧中人物在道德完成中所表现出的人格力量揭示主题，而不是仅仅停留在忠奸斗争上。

现从中采撷第三出于下，与你一起赏阅这部传奇的精彩篇章。

【第三出 托媪】[卜算子]（小生冠带白髯上）雨露九天恩，姜桂孤臣橘，骢马真如骓，难渡乌江道。

攀槛从桥著直声，儿童蛮徼尽知名，眼看天下官姓廉名国宝，江南阳美人也。由进士出身，历任都察院左都御史，铭刻天恩，矢心图极。巨耐举目荆棘，奸恶盈朝，阉宦刘瑾敢作敢为，近又交结焦芳为腹心，一发肆行无忌。车服仪制僭拟至尊。左右前后，广布牙爪。朝廷大臣，如刘健、谢迁、舒模等，稍拂其意，或遭贬窜，或受刑辱。更可骇者，前日随圣上在西海子采莲，暗将胶舟御用，行至中流，水发舟覆，圣躬几蹈不测。那时，众官惊怖，他反洋洋得意鼓掌大笑而去。你道天下有这样事么？如此作为，不但弁髦国纪，行将倾覆社稷。我身为大臣，岂能坐视

不管！将他罪恶草成奏章上渎天庁，就死何辞。[解三酲]恨中涓吮痈炀灶，遍朝端木魅山魈。我华颠半白年将耄，拼一死谢三朝，只是一件，夫人早逝，单生一女甫及周岁，我明日面君，一定凶多吉少。我死之后，此女稳填沟壑，怎么处？料想故交禾，必邻任助。[前腔]（四杂扮缇骑上）充骁卫做当该，到处乌鸦阵噪庭槐。命往舒家去，把犯人提解，自家锦衣卫缇骑是也。奉堂上钧帖，厂爷嘱咐，前往蓟州提解舒模之子舒真。急须趱行前去，似无常奉着冥王差，光临便尴尬，光临便尴尬。（旦淡妆上）[紫苏丸]犀环鬻尽，蝉钗卖肉，延宾自赏蘸菜。（丑扮丫环抱儿上）喜生儿，宿具乐天才。之无两字临文解。[忆秦娥]生来性读书，止把关睢兴关睢兴，后妃之德，幽闲贞静。贞松不敌蒉菢佞，枕边难动夫君听，夫君听。尽言乱国、危言、危行。妾身江氏，长适舒门，公公官拜乌台御史，只因一心与权臣作对，暗被中伤，抱恨而死。我相公志存雪怨，出口便是锄奸，寤寐不忘讨侫。我想，小人道长，定然君子道消，何等时势，一味隐居。放言必至祸有不测。曾经苦口解劝，争奈他执意不从，如何是好？[二犯桂枝香][桂枝香]天王昏愦，纪纲弛懈。皇舆当棋局，轻移国玺，插草标私卖。[四时花]从来憸人每将端，只怕故鬼终须化若教。有了。我看乳娘石氏颇有忠义之心，不若唤他出来，付托与他也，完我一桩未了之事。看他心肠好，当今巾帼万倍绅袍。乳娘何在？（付净扮乳娘抱女上）宛转随儿女，辛勤做乳娘。老爷有何吩咐？【小生接抱介】阿呀儿嘎，非是我做参参的忍心撇你，事出无奈，不能相顾了。【付净作惊介】老爷怎说这话？（小生）乳母不必惊骇，我只为权奸朋比扰乱朝纲，意欲抗疏面君舍身报国。我想覆巢之下，必无完卵，况小姐尚在怀抱，其得生全。[前腔]念痴雏尚依襁褓，遇分离未解号啕。儿嘎你今生不认爹娘貌，要寻我在奈何桥。（付）奸贼势焰滔天，满朝罗网，老爷还该量力行事，不可造次轻生。（小生）国家大事非汝辈所知，我丹心欲把三纲整，铁骨羞将七尺挠。恨只恨

18

我死之后小姐苦无依傍，防人笑笑我生前
倔强死后萧条。（付）这个不妨，老爷既
肯杀身为国，婢子亦能舍身报主。老爷放
心前去，吉人天相或者仍无祸及，倘有不测，
小姐全在婢子身，定当抚养成人，不负所托。
[罗袍哥][皂罗袍] 常愿衔环结草，感深恩
海阔厚泽山高。养娘不尽抚儿劳，只当台
垣不奏回天效，托孤寄命，辛担苦熬，养
军千日用在一朝。还只恐断机未熟，二迁教。
（小生）你果有此心。（付净）婢子果有此心。
（小生）【大笑介】我从此心无挂牵矣。
请上受我一拜。【揖介】[排歌] 我便深深拜，
你把担子挑，休得眼前承认到头抛。儿嘎，

但愿你坤仪秀闺范超大家，修史纪班彪。事不宜迟，就是今夜收拾盘费，
抱了小姐即离此地。远远探听我的消息便了。（付净）谨依吩咐。【尾声】
矢心拟作涓涘报（小生）怎得个痧疹平安关煞逃。（付净）老爷还望你止
莝邀银瓮褒。

补牍思除祸水淫，尧庭指佞老臣心。

雌雄且看枭鸾力，凶吉徐听鸦鹊音。

二

伶工对冰持戏曲的赞许，家庭喜庆、文人集会对戏曲演出的热情，让
周稚廉创作传奇信心百倍，文思奔涌，一出又一出的传奇送到伶工手里，
搬上家庭舞台。《珊瑚玦传奇》也是一部撬动人们心魄、深受人们喜爱的
戏曲。故事发生在明朝末年，书生卜青与怀孕妻子祁氏在逃避兵乱途中，
遭遇官军。临别时，将一珊瑚玦分为两半，夫妻各持一半，作为日后相认
的证物。祁氏被官军劫去后，总镇晏竽送祁氏到济南。晏家欲纳祁氏为
妻，她危言抗争而得免。未几，晏竽战死，祁氏产子，晏妻认为己子，

取名继光。卜青与妻子离散后，被贼寇掳去。卜青寻妻不得，改名韦行，在贼营被官军捣毁后编入官军，为军中马夫。继光长成，从军破贼，受拔为官，见卜青年老体弱，甚是可怜，遂送他到济南家中做园丁。祁氏偶与儿媳游园，见韦行卧地，认出所佩珊瑚玦之半，于是，夫妻父子相认，合家团圆，继光改名为卜继晏。

《珊瑚玦传奇》线索贯一，关纽严密，情节生动，时人愚谷老人对他甚是欣赏，评价甚高。他说周子才雄天赋："间出为词余，异彩纷披，机颖能发，匪可思议。且人情物态，纤微凌杂之事，咸能曲折缕析，无所不能。"现在我们一起来拜读第七出，领略周先生的传奇风采。

【第七出 分玦】（生上）天有不测风云，人有旦夕祸福。我卜青只为时世乱离，不敢出外处馆。前后左右，纠集得几个蒙童，在家训诂度日，岂知祸从天降，忽地传闻即刻杀到，不知是官兵涌至，贼寇横行，一时学

生星散，邻近人家，都不知搬到那里去了，教人怎不害怕。且住。我虽一贫如洗，性命也是要的，何不也向村庄亲戚人家去躲一躲，就是我娘子身怀六甲，行走不便，也顾他不得了。【向内介】娘子快来。（旦持行李唱上）[山坡羊]乱荒荒料不出的兵火，一些些顾不及的家伙。【生接行李介】娘子事已紧急，怎容得你慢腾腾，待我扶着你趱行几步罢。慢腾腾赶不上的路程，急忙忙又恐怕的胞胎堕。【内作叫唤啼哭介】（生）娘子你可听见，不要准了中狱行宫的奇梦便好。我佳兆多，年年梦发科，难道休徵不准惟占祸，何

罪于天人亡家破！（旦）行走不动，和你到前面树林之下略坐一坐，再走何如？仙娥小金莲常倩驮，倒不如村婆大鞋头容易挪。（暂下付净戎装，末执令旗卒众上）

[玉进莲]才用雕戈，蜚乌鸣，枭趋贺。

本镇晏竽是也，奉旨援剿已入陕西地界。【向末介】兵马可曾齐到？（末）有后队末到。（付净）分付扎住营盘，待后队到来，一齐进剿。（末）得令。（付净）本镇上膺天命，殄歼小丑，尔等务须勠力同心，即建奇功。[皂罗袍]布告各营将佐，愿预填露布、先唱铙歌，杀降不算武安苛，积柴终是刘琦懦。一任斩儿贯梨，砍尸积河，钗铛盈辇，金银满萝，只要同心杀得秦曦过。（众齐呐喊绕场一回下）（净丑扮营兵急上）杀人为话计，放火作生涯，自家晏老爷标下后队头目是也。（净）哥嘎，我们命运不齐，派了后队，一应肥水，俱被前面的蘸去了，我们到来，十室九空，人影不见，如何是好。（丑）哥嘎，有个道理，我们且慢走一步，人道兵马过了，或者出头，随分抢他一两件东西，聊以破俗。（净）说得有理，这是欲求生富贵须下死功夫。（暂下）（生扶旦漫行上）[解醒甘州][解三醒]中喷枪城无剩垛，穿箭干树少完柯。（生）此时兵马料已过尽，我扶你再行几步。你看，瓦砖狼藉尸骸剁，猿失穴，燕离窠。（旦）相公，四下没个人影，还该再躲一躲。（生）是。嘎，轻囊不怕强人劫，花貌须愁暴容睃。（净丑）（冲上）哇，那里走！（生旦）阿呀，不好了！[八声甘州]敲锣险撞着凶鬼邪魔。【搜生旦行李介】可有什么东西，快些拿出来。【生跪倒介】卜青是个寒儒，一无所有，求列位方便。（净）没甚东西，把这老婆与我们受用罢。【扯旦，生拖住介】这怎么使得。[玉胞肚]诸般犹可，我妻房岂容玷污。【丑扯旦，生拖住介】我那妻嘎，眼对眼不能直视。（旦）相公嘎，手扣手没计相拖。（净）哇，你明知有虎虎边过，今日呵且抱琵琶上骆驼。【净扯旦，丑将生打倒介】【旦拖丑介】不可动手！【向

净介】且放了手，料想我二人插翅也不能飞去。【净放手介】那个怕你走了。（旦）难道我夫妇分离，不许我一言诀别。（丑）这个不妨，有话尽说。【旦抱生大哭介】阿呀相公嘎，这些光景料想你我不能完聚，你自挣挫逃生，奴家即寻个自尽便了。【生抱旦大哭介】阿呀，娘子嘎，你既捐生，我岂独活，千万在冥途相等，卑人即刻来也。（旦）这怎么使得，你记得梦中的说话么？目下虽然人离家破，日后有个贵子荣封，怎寻短见起来。（生）阿呀，我倒忘了，你今身怀六甲，倘得生男是我家宗祧所系，断然自尽不得。莫若姑且从权保全这点骨肉，他年父子团圆夫妻完聚，也不见得。（旦）这却教我难许也罢，我且放心前去，见机而行，倘有机会不负所托，若要损奴节操即刻捐生。相公嘎，你妻子多分在九泉相会矣。【哭闷，复苏介】（合唱）［掉角儿序］几年来调美织梭，几年来同寒共饿，从此呵，听娇啼无多几声，觑容颜止争一度。（旦）妾珊瑚块一枚，朝夕佩带，今日就地分为两半【碎块分带介】各人佩带半枚，他日重逢，块亦复合，倘无是日，你见块即如见妻子面庞了。你若恋羁雌思旧侣，当遗簪同故剑几案频摩。（生）人投鬼伙，血将泪和，愧鳏生夺卿无力，赎卿无货。（抱哭净打生倒地抢旦急下）【生就地乱滚喊哭介】【急起遥望顿足介】好苦嘎。

【尾声】车尘渐远惊魂堕，今夜里两难摆布。妻嘎，知道你明日朝霞还看着么？

三

《元宝媒传奇》取材于李渔小说《无声戏·第三回》。传奇概要：明代大同府有一乞丐，于途中救一女子刘淑珠，淑珠得救后，又被恶人卖入妓院。武宗入妓院结识了湘珠，闻知乞丐的侠义行为，赐其元宝。乞丐用元宝帮助陶妈妈从富豪家赎出女儿陶湘珠。不料，被奸刁富户计成诬为贼赃，被捕下狱。那时，淑珠已入宫为妃，奏知武宗，武宗知乞丐被冤即为他申雪，籍没计成家产赐予乞丐，并赐乞丐刘姓，封为皇亲。武宗又做媒使湘珠与义丐成婚，结为夫妇。

传奇用大量的篇幅褒扬侠义丐儿，用犀利的语言贬斥贪财寡恩的计成，字里行间透出了"穷通有时"的传奇主旨。这是一部"似乎愤世，实切救世"之作，在这样的语境中，人们定会读出它不一般的"色、香、味"。请看——

【第二十八出 天缘】[西地锦]（老旦上）快婿门阑荣耀，不愁兰玉萧条，茜衫似比斑衣好，轩渠伴我昏朝。

老身陶氏，女孩儿遭富豪占夺，甘作下贱青衣，岂知苦尽甘来，事出意外，提解来京，不特得报深冤，又复赐婚刘氏。女婿立心仁厚，日后好处正多，食报不爽，老身暮景桑榆不愁无靠。今日是王道吉日，百事俱备，少顷六色到来，即便成亲的了。（外扮院子上）池暖鸳鸯卧，楼深翡翠栖，六色在外候久了。（老旦）着他进来。（净扮礼人杂扮六色上）【进见介】（老旦）吉时已届，就请新人。【净应向内诗赋介】（生上）[前腔] 淑女欣闻窈窕，豪人也觉魂消。（生旦吉服净扮喜娘扶上）施衿就有人扶轿，不愁井臼躬操。（净）请老爷夫人先望阙，谢了恩，后行婚礼。【生旦向北山呼介】【照常行礼定席介】（合唱）[画眉上海棠][画眉序] 三五庆良宵，花气纷馡月轮晓，喜胶黏添密，瑟和琴调。修中馈并胆同心，效于飞，天长地老。【生旦出位送酒介】[月上海棠] 刑于教似翟氏归陶少君随鲍。（杂报圣旨下）（生旦起立）（小生扮内监，二内监捧盒持红灯上）[鲍老催] 凤池降诏，佳儿佳妇特旨褒，关雎麟趾王化邀。（生出接）（小生）皇爷闻得今日成婚，龙颜大喜，内宫又传出贵妃娘娘懿旨，特赐珍珠百琲与淑女添装，采缎百端为新郎挂采。筐篚颁，珠饰钗，绫裁袄。（生旦）【望阙谢恩介】衔珠欲效隋侯报，

大治河

蜉蝣止虑曹风诮。[小生]告辞了，喜酒待从容扰。（先下）【生进介】岳母，今日蒙圣上与贵妃娘娘如此宠眷，何以图报（复入席·合唱）[滴滴金]催妆诗变寻常调，翻尽文公旧格套，做新人不告高曾庙，为新郎无妣考，妆奁缺少感贤姑肯赒，兄与嫂恩叨惠叨出谷还迁乔。(老旦掌灯送入洞房)(丫鬟喜娘提灯，生旦行唱) [双声子]花容俏，花容俏。觑罗帐红鸾照。维黑兆，维黑兆，愿绣褓宁馨抱。龙麝飘，龙麝飘。凤胫烧，凤胫烧。爱偎肩品奕，欹枕吹箫。（生旦杂先下）（老旦）

【尾声】双双牵引红丝巧，这奇缘出人意表。留付与野史稗官当佳话抄。

诗曰：年来息影瑶湖东，诗稿增多囊越空。游侠传完传货殖，立心真与史迁同。其二：鄙俚虽非锦绣心，普天应自有知音。酱瓿倘覆周郎稿，一定家藏百万金。

周稚廉的传奇，篇篇都是文心幻出的俗情，沁人心肺，出出都是艳词巧填的俚语，让人喜爱，曲曲都是南柔北刚的旋律，动人心魄。时人称誉他为"当行老手"有"夺关、马、贯、高之席"的地位。言词有点夸张，但细细赏读，周稚廉的作品诚是清代传奇史上不可或缺的篇章。

周纶：为民请命的书生

周纶，生卒年不详，字鹰垂，号柯斋。为今大治河东段"湾周"周茂源之子，十赴秋试不第，康熙初以岁贡得补国子监学正。周茂源给长子取名为"纶"，取字为"鹰垂"，其意深长——希望儿子能和姜太公一样，佐辅君主建功立业。（"垂"应"纶"，取垂纶而钓之义。姜太公垂钓于渭水，后佐武王灭商而有天下，尊为尚父。）周纶确如茂源公所期望的那样，生有异禀，少有隽才。受业于诗坛领袖王士祯。纶勤读好问，力学精思；趋庭答问，语声温婉，对答流利；临文择言，深思熟虑，意蕴深邃，深得业师欣赏器重。唯舌锋铦利，颇乖人情，然逢怒亦能善下。生平著述甚富，有《柯斋选稿》（内收《不碍云山楼稿》《八峰诗稿》《芝石堂文稿》《石楼臆编》）遗世。

一

周纶生有经世致用之志。康熙二年，易八股为策论，纶仿周官言体作《石楼臆编》。"是书分吏、户、礼、兵、刑、工六门、中立五十九目，自汉、唐迄于本朝凡六曹政事者，俱类纪之，于国初以来章疏案牍，亦颇有所征引。大旨为场屋对策之用"（《四库全书总目提要》）。书刻印出版后，立即引来四方之士争相购读。书中对当时吏部玩忽职守、科场找人替考等腐败现象，有所揭发与议论，而这些多源自他自身的真实体验。由是从另一个侧面映照了周纶在仕途上的艰辛和对科举不公正认识的深度。

二

江南苏松地区，土地肥沃，人烟稠密，盛产粮棉，历来是富裕之地，也是历代王朝赋税的主要来源之地。然而，在清代前期，苏松地区却成了赋役杂税的重灾区。农村经济凋敝，百姓怨声载道。面对在重赋下抬不起头、伸不起腰的黎民百姓，周纶不顾个人得失，挺身而出，为民请命。

康熙二十四年（1685），汤斌巡抚江苏，周纶上万言书，极陈苏松重赋之状、重赋之弊，希望朝廷减税让税，让农民过上温饱的日子。他在万言书开头就直问当政者："故明朝洪武，因有仇怨于民，而钱粮征收甚重，我朝于民并无仇怨，何可踵行？"尔后，他引用大量的数据和文献加以证实："天下赋税最称繁重者，莫若江南。如每岁额征本折之数，安徽抚臣所属五府一州，则共条银三十一万七千有奇，共漕米十六万八千有奇……而臣属苏松五府，则条银独多至一百七十五万七千有奇，漕米则多至一百六十六万四千有奇，更有白粮二十七万七百有奇。此一岁起运之大，较而存留岁月尚不与焉。故臣属州县，其粮额至多者，则有三十至四十万，少者亦不下十至二十万。兼之节年历欠新旧带征催乎，日迫民力日疲，逋负侵那千头万绪此项放完彼项挂议。"接着，他引用康熙二年七月左都御史龚疏的话，证明重赋下的百姓痛苦状况："新旧（税）并征，又有猾吏蒙混账目，百姓徒苦，追呼度之，金钱依然不足……因旧欠滋新欠，陈陈相积，无了无休，合家通盘仍旧亏欠。"

万言书在述明苏松地区相较其他地区的赋税重达数倍之后，诚恳地告诉巡抚："该地百姓竭尽全力也只能缴纳九成税额。民间差毫厘未能全赋税者并非有意拖欠，而是有万不能完之苦情。今年强行催完，明年必仍旧拖欠，长此以往，必导致农民逃亡，则全无所出，不如放宽几分，以保存民力。"同时，周纶就赋税收缴中的"层累扣克，项项勒索，上下分肥"的种种不法手段和腐败行为大胆地提出了"均宜查革"的主张。总览万言书，一面竭力为农民辩护，一面详述薄赋的好处，恳请朝廷减免赋役，让农民有活路。他强调指出，只有这样，国朝权柄才能万代不变。可谓分析鞭辟入里，言词有理有据，很有说服力。周纶的万言书是一份难得的真正的"为民请命书"。

周纶的万言书得到巡抚汤斌的重视，上奏之后，苏松地区积年赋税得到减免。民力起死回生，农民力田供赋。由此，农业生产有所发展，百姓生活有所改善，朝廷也有了稳定的赋税收入。三方得益，功在周纶。

三

文学世家的耳濡目染，文坛名师的悉心培育，自己天生的聪慧好学，羁丱之年的周纶已著文名。一次他将自己的诗歌杂于家父釜山的集中，"读者竟无以辨，既知之，则惊顾叹服"。

周纶长期在羁旅途上为功名奔波，然没有做过实质性的官僚，所以接触的大多是饱受战乱赋役之苦的黎民百姓和下层文士。因而，在他的诗词中，以关注下层百姓苦难，对社会、科举不满和祈愿为题材内容的篇章占了多数。现录两首与你一起分享：

忆昨嗟其雨，焦原痛不毛。天心凭旱魃，民命属黔敖。

井税恩难贷，春耕望正劳。何年边堠靖？矜恤遍江皋。

（《望亭见饥民千许赴食有感》）

数数维扬路，归心促长年。那知献停役，还阻下江船。

天地兵戈宅，庭闱旅梦牵。一行南去雁，铩翮转堪怜。

（《维扬兵阻》）

上两诗述写了诗人亲眼看见、亲身体验的旱灾、兵灾，及其带给百姓的痛苦，抒写了诗人对百姓悲惨遭遇的真诚祈愿。从而让人读出了作者融化在诗句中的仁爱情怀，也让人看到了统治者的冷漠之心。

现在我们再来读《忆秦娥·听戍者言》：

天涯路。荒荒野日黄云暮。黄云暮。年年笳吹，征衣如故。

君恩不到边庭戍。乡心空挂将军树。将军树。平安烽报，翠围深固。

作者没有戍边的经历，所以用"听戍边者言"来叙写"戍边者"的生活、情思，亦显得真实可信。上阕写了戍边士兵的悲苦。望不到尽头的莽莽天涯路上，漫无边际的边庭茫茫荒野里，声声胡笳，催人泪下。下阕写了戍边士兵的祈盼。常年戍边的士兵得不到君主的滴点恩惠。思乡的苦情却年深一年，令人心碎。词分上下阕，却一脉贯通。用"征衣如故"映衬"君恩不到边庭戍"，揭示了朝廷对戍边士兵的刻薄寡恩。用"年年笳吹"映衬"平安烽报"，点明戍边士兵对平安的祈盼，从而唤起读者对戍边士兵的同情，对统治者的谴责。这种对世事评价质朴、直接和冷峻的诗词，在清代前期的文坛上难得一见。实际上，这是周纶文学体的"为民请命书"。

周纶善于以乐景写悲情，而且不加雕饰，天然舒放，直露感人。这种个性化的风格，给人的印象特别强烈。《减字木兰花·中秋夜虎丘步月》可说是代表作：

千人石上。断送繁华留底样。搔首青天。为谁月缺为谁圆。

无边悲怆。画角声中矜绝唱。我见犹怜。漫评倾国到樽前。

中秋之夜的虎丘胜境，赏心悦目。然而，在词人眼中这只是画角声中的绝唱，世间的繁华都断送殆尽；即使是倾国的美人，醇香的美酒也无法抹去"无边悲怆"。全词情感丰富深沉，而且坦陈真挚，不假任何修辞手法，直入读者心肺。

《江南春》也是这种风格的词作：

云漠漠，雨丝丝。一鞭茅店远，万里壮心违。

江南江北人如织，带得穷愁信马归。

以情怀观照外物，将心境与外境融合在一起，从而化生出词人特有的体会。这种创作风格思路，被人称之为"境随情生"。美妙的雨景，在"万里壮心违"的低落情绪中成了凄风苦雨；"带得穷愁信马归"的悻悻心思，与"江南江北人如织"的世间繁华，两者相互融合映衬，使乐景中的哀景益增

石樓臆編序
劇子鷹垂爲釜山先生
令嗣刎負異才擩染家
學年春弱冠摛華揆藻
以詞賦名海内既長益
窮捜博覽務爲經濟有
用之學凡夾漆鄭氏端
臨馬氏以及西山眞氏
瓊山丘氏諸家之所纂
述皆能醞液鈎貫得其

其哀，从而将词中的情、词中的境推到了读者面前，读者由此体验出了词人壮心失落后的途穷孤绝的愁苦，不由自主地走进了"词"里。

周纶是康熙年代的文士，但从他诗词的题材内容、风格意蕴来看"不脱云间之町畦亦为云间派的嗣响"。

周纶有经纬的志向，有文学的才华，有为民请命的真忱，有胆有识，而朝廷不予重用，此何为者也？

相关链接：

关于云间派

云间，为松江古称，因西晋时陆士龙自称"云间陆士龙"而衍传得名。云间派是明末清初的文学流派。它形成于明末，延续至清初。既为明代古典主义文学画上了句号，又对清代文学中兴产生了重大的影响。在明清文学的嬗变之间，云间派是一个承前启后的转折点。尤其是"启后"的意义值得大书一笔。云间派在抒情艺术上走的是古典主义道路，但残酷现实迫使他们冲破复古的理论裹束，写出了富有时代精神的作品。云间派的作品里具有真实的性灵，包涵着一种崇高的美。

云间派的代表人物，早期有陈子龙、夏完淳、李雯、宋徵舆等，后期除湾周的周茂源、周立勋、周纶、周稚廉祖孙三代外，还有田茂遇、董俞、钱芳标、吴琪、王沄等。柳如是亦为云间派的文学家。

瀛台翘楚周金然

俊才

　　周金然（1641—约1702），字广菴，又字砺岩，号大瓠，又号越雪，为今大治河畔的湾周渡口一支的裔孙，为顺治处州知府周茂源的族弟。周广菴生而英迈，年未二十即外出游学，由是诗文大进，文名灼烁。不幸遭人诬陷，被革去学籍，系狱三年。出狱之后，广菴发愤砥砺，携短箫，握玉尘，穿裙屐，游学四方；啜苦茶食淡饭，篝灯诵诗度曲，晨钟射箭调马，坚定地向上攀登。约在顺治末年，广菴谨将自己的诗文献给与周家交往颇深的按察使宋琬。宋先生阅后极为赞赏，于是携广菴进京。时有姓金名然者人来京应试，突发怪病死于旅店，广菴为其料理了丧事。金然家人甚是感激，同意广菴以北籍人"金然"之名参加科考，中举上榜，榜姓金名然。复周姓后，即以金然为名。康熙二十一年（1682）考中进士，官左中允，改庶吉士，授翰林院编修兼修撰。一时，皇上文告、圣旨皆出其手。金然所作制诰，文字典丽明亮，论述缜密周详，可谓达到了极致。在司经局洗马任上，广菴克尽启辅之职，屡获皇上锦旗。以洗马典试山西，甚得民心。然因劳累疾作，事毕卸职归里。晚居太湖洞庭之石公山，然仍笔耕不辍，写了不少漂亮文章。

　　金然如昆玉邓林，谋深艺富；如朱霞丽锦，志高才华。顾诗、评书、品画，言之凿凿，皆点睛之笔；对韵律、琴棋、曲牒，样样精通；传奇、文章、诗词信手拈来，悉入三昧；尤工八法行草体。"尝以字幅进呈，圣祖御制五言诗十二韵以示褒嘉。"闺女出嫁时，女儿乞其所书卷轴以为最贵之嫁妆。金然亦擅绘画，偶一渲染辄臻逸品，振誉一方。

周金然的节行大德，或因艺才而掩，世人知之甚少。其实，他于政道，奉公守法，秉公执法，最恨官府压榨百姓，草菅人命；于经济，倡导节俭，主张农商并重，造福一方；于民事，善听民呼，关心民瘼，重视民生；于道德，表里一致，言行一致，尊老爱幼，贫富一视同仁。金然的高风亮节，睿智才干，赢得了朝野的一致赞誉。

史才

为张扬王朝的武功威力，幅员辽阔，教化洽濡，恩惠深巨；为使继位者有永保皇位、永固江山、永播名声的详备"资治"范本，清朝统治者非常重视编志修史，而康熙帝特别看重《大清一统志》的编修。

康熙二十九年（1690），玄烨令进士徐乾学领衔编修《一统志》。徐乾学遵照圣祖的旨令，召集了包括周金然在内的一批精英人士到苏州东洞庭山设局编志。康熙三十三年（1694），玄烨令进士韩菼进京主纂《一统志》。对《一统志》的编纂要求，旨意殊高："不独郡邑增汰沿革随时理宜，一一汇订，其中记载体例、征引详略都应统协，而且考据需详明，采撷需精当，既不缺略，又无冒滥。"

编纂《一统志》是朝廷的大事要事，故康熙帝对参编人士的素质要求极为严格。而参与纂修三朝国史的广菴又赫然位于编纂者之列，可见康熙帝对广菴的了解信赖和倚重。

康熙慧眼识英雄。广菴确是位学富五车无所不通的博士。方志记载

说：金然参与编修《一统志》，"共事者凡有考核，即告以某义某辞出某史某传，了了若夙诵者，共事者检阅是书，无一错误"。在编志的精英眼中，

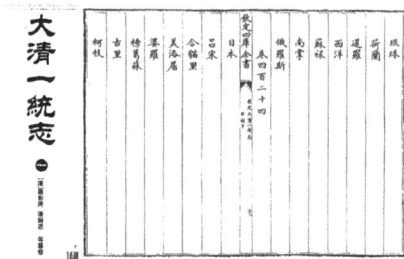

象广菴这样的国史之才，世所少见。

在主纂徐乾学、韩菼和广菴公等精英的共同努力下，历经五十八年的勤慬编纂，《大清一统志》于乾隆八年（1743）得以告竣，共三百四十二卷，是为清代三部《一统志》的第一部。

广菴参与纂修三朝国史、《大清一统志》既标示了他自己的学识素养，也彰显了清代闸港地区的文化厚度，功不可没。

诗人

书香的浸润，天赋的聪颖，读书的勤奋，金然公诗词赋文皆有名声，且著作等身。他的诗恣睢无涯，而意蕴深远，为时人所推崇，说他的诗与当时诗坛盟主施闰章和宋琬非常迫近。

《咏史》是一首在清代被多家诗选本录选的佳作。

> 今年拜少翁，明岁封栾大。
> 孰谓无神仙？有时见海外。
> 文成食马肝，五利亦诛死。
> 孰谓有神仙？禁方举妄耳。
> 殚骨非仙才，仙才安在哉？
> 大钧布群物，修短一胚胎。
> 至人独不朽，不朽非形骸。

诗歌开头四句写史实：汉武帝今年拜弄神说鬼的方士少翁为文成将军，明年又封少翁的同门兄弟栾大为五利将军，并将卫长公主嫁与栾大。而后作者用嘲讽的口吻调侃汉武帝：谁说没有神仙？在海外有时看见过。史称有雄才大略的汉武帝在金然笔下成了一个骄横的昏庸的皇帝。接着又写史实：汉武帝发觉受骗上当，杀死少翁，并说他是吃马肝毒死的，又将栾大处死。顺着史实，作者用讥刺的口气让汉武帝自嘲自解：谁说世上有神仙？那些秘方都是妄言邪语。汉武帝凶残、无耻、虚伪的丑恶面目被暴露无遗。接下来，作者巧妙地让汉武帝自己来自问自答：有骨肉形态的都不是仙才，长生不死的仙才在哪里？在这里，作者用诗歌的形式塑造了一位中国式的"穿新衣"的皇帝。最后四句的议论，不同凡响，极富哲理——大自然化育的万物，都源自一个胚胎，故不论生命是长是短，最终都会消亡。不朽的不是人的形骸，而是人的高尚思想、高尚道德、高尚人格。

千余年来，"咏史诗"千篇一律写史事、评成败、论得失。本诗虽题为《咏史》，但广菴突破固有的"咏史"俗套，发出了振聋发聩的思理，让人在深受教益的同时，分享他的独创新鲜感。《咏史》语言质朴，潇洒清拔，风格接近唐宋乐府，很有云间派的韵味。

现在我们再来欣赏广菴的《走索行》：

> 有妇盈盈复窄窄，纤手舞绹足走索。
> 囊里绵绳丽用柔，架空烂若红霓色。
> 低回宛转唤娇娘，为儿结束着衣裳。
> 裙拖罗袜偏宜短，袖绾红巾不厌长。
> 侧视锦绳身欲动，阿母鸣金走相送。
> 素手持竿故上迟，欲上不上如有思。
> 鸣金渐促行渐速，乍却乍前随所欲。
> 欹仄俄横郭索行，跷跳或振商羊足。
> 霍如失脚千人怪，痩藤欲坠猿犹挂。
> 回身一跃复上绳，捷如十月翻风鹰。
> 白日西斜伎亦毕，纤手徐徐整衣立。
> 擎盘含笑乞犒钱，观者如墙咸叹息。
> 问女家何住？家住凤阳城。
> 阿爷前年死，妾身无弟兄。
> 向来生产一朝尽，逢此百罹谁见悯。
> 羞看面目倚乡邻，宁作他乡流落人。
> 妾身今年才十七，学得人前能走索。
> 东家女子织流黄，岁侈回文百丈长。
> 西家女子夸刺绣，拈针挑出紫鸳鸯。

自从绿鬓初垂额，微步何曾出画堂。

人前献媚真无计，明朝忍耻还呈伎。

天涯沦落总堪悲，何必琵琶能迸泪。

《走索行》的前半部分摹写少女走索的精彩表演，后半部分叙说走索少女不幸的身世。

从开头到"欲上不上如有思"为第一层次，描绘走索少女曼妙的身姿及与之相配的彩绳、红绡、靓装和表演前奏的伴动、伴态。这些为而后正式表演所创设的环境烘染、气氛酝酿都达到了诗意表达的传神效果，令人叫绝。

从"鸣金"到"捷如十月翻风鹰"为第二层次，描摹了走索少女在绳索上的种种惊心动魄、扣人心弦的精湛表演。这种似乎只能用散文句才能表述的事，广菴竟能用精练的诗句加以完美地描摹，真是不可思议。

后接四句，为第三层次，是精彩表演的余音。余音不是震耳的鼓掌声、不是如潮的喝彩声，而是一片叹息声。反差如此强烈的原因，就是诗人希望读者去思考的问题。

"问女家何住？"一句，顺理成章地引出了后半部分的诗篇。由此句到"明朝忍耻还呈伎"为一个层次。作者用走索少女的答话，揭示了她的不幸身世，揭示了她对美好生活的向往——劳动女子做适合女孩的女红，而不是做辛苦危险的伎艺；家居稳定，而不是到处流浪。这是最基本的生活要求，但对她来说永远不可能，为什么不可能？因为明朝改清朝只是换了皇帝，没有改变制度。只有改变制度才能改变人的命运。

"天涯沦落总堪悲，何必琵琶能迸泪"是全诗的总结，也是全诗的主旨：从白居易的琵琶女到周广菴的走索女，其间相隔了近一千年，然而底层艺伎女子的命运、生活并没有改变，她们还是那样的卑微困苦，这不能不让诗人迸泪同情，也不能不让人凝神沉思。

周金然的叙事诗脱俗引人，他的风景诗同样靓丽可人。《舟雨》是周金然诗歌中的典范作品之一：

扁舟冲雨发，滴沥点蓬声。夹涧竹梢暗，倚窗书帙明。

绿蘋侵岸急，白鸟习波轻。暗澹浮云意，凄共游子情。

诗的开头两句创设了一幅由图形（舟）和背景（雨）构成的自然画卷，让人有身临其境之感。一个"冲"字渲染出的是诗人别样的心境。这两句是铺垫。接着四句，作者对图景进行细致的刻画："涧""竹""窗""书""蘋""鸟"六字绘出了溪涧两岸的雨中景象。这幅景象画面，有"暗"有"明"，有"急"有"轻"，层次分明，形象生动，使图形和背景交相呼应，将诗人的言外之意完美地传递给读者，从而营造出一种令人回味无穷的意境。

尾联两句表达了作者对昏暗的捉摸不定的官宦生活的厌倦之情，对回归家乡过安定隐逸生活的向往之意。同时尾联回应了扁舟冲雨出的原因——游子急迫回归的心境。

词人

广菴有周郎才调，但从不负才。每填一词常唾壶敲缺，哦到日西斜，斟酌到深更。所填之词词彩绚烂，蕴藉风流，幽妍百艳。或苏学士铜绰板唱大江东去，使人惊心动魄；或柳三变吟情意缱绻，令人沉吟不止；或缠绵芳草，留连落雁；或春风村月，冬雪夕阳……在他笔下，万事万物无一不可入词。现采撷几首，与君共赏——

母缫丝，儿洛诵。竹屋篝灯霜重。听络纬，和熊丸。沉沉更漏残。

教孝子，成名子。菽水承颜有喜。凭寸草，报春晖。绯衣换采衣。

（《更漏子·题绩课图》）

给画题诗、题句，自古至今是常见的雅事，而为画题词则很少见。广菴的这首《更漏子·题绩课图》应该是为自己的画题的词。虽然我们无法看到原画，但题词让我们看到了真实的画面。竹屋篝灯，清贫之家。母亲一刻不停地缫丝，一刻不离地陪伴儿子诵读。从春到夏，从夏到冬；从早到晚，从晚到漏尽。霜寒不惧，篝火不熄。母爱哺育了儿子，温暖着儿子。这是一幅动人心弦的慈母教子图。词的下半阕画面同样感人，只是主角有所转换。在慈母的悉心培育下，儿子成了名士，穿上绯红的官袍，但他不忘母亲的养育之恩，俨然脱去官服，回到母亲身旁，伴陪母亲。他为母亲端饭端茶一刻不停，他穿上采衣为母亲娱乐，一刻不离。寸草报恩做孝子。只有伟大的母爱才能培育出这样大仁大孝的儿子。此词清新自然、用典通俗。人们在吟唱的享受中领悟了"母爱伟大"这一主题。

北宋时期填词的繁荣孕育了大量的趣味词，其中回文词尤为引人注目。然到元、明时代，回文词却极为少见。清季顺康时代承继北宋的风气，回文词又蓬勃发展。广菴的回文词是其中的一朵夺目鲜花。《子夜·晚景回文》是他的回文词代表作——

　　暮烟荒草沙边路，路边沙草荒烟暮。

　　堤拍浪声齐，齐声浪拍堤。

　　棹归争罢钓，钓罢争归棹。

　　村月挂黄昏，昏黄挂村月。

此词语句平易顺畅，富有民间顺口溜、绕口令的旨趣。有一读即能背诵的奇效。

这是一幅极难遇到的月光下的村湖垂钓图。

第一、第二句点明垂钓的时间、路线，第三、第四句点明垂钓的地点。为垂钓营造了恬淡、幽静的氛围。下半阕写了月光下的垂钓情趣。词仅用"争罢钓""钓罢争"六个字绘出了垂钓的快乐心情。至于怎样钓，钓的结果怎样，只字不提，从而突出了"钓乐""钓情"的主题思想。词人用"浪声""村月"两相映衬，两相烘托，从而把主题定格在有声有色的美妙意境中，让人赞不绝口。

回文词弄不好会滑向文字游戏的泥坑。广菴的回文词句句有意韵，句句有情调，没有一点油滑的噱头，诚是词家高手。

戏曲家

广菴公认为，借曲白讲传神的故事，让优伶唱动听的曲词来说法，远胜于平铺直叙的说教文章，远胜于呆板枯燥的空口传教。于是他将自己"始于困厄，惨遭冤狱，后得志为官，终于荣贵"的喜剧性人生，谱成了戏曲《南双记》。《南双记》共二卷，三十五出。就目前而言，我只读到这部传奇，可能正是广菴公唯一的一部传奇。其故事梗概——

书生姬铣，字南双，与退位在家的官僚富豪庄罗党为邻。庄罗党仗势仗富强占姬铣祖遗的屋舍诒燕堂。为永远霸占诒燕堂，庄处心积虑，阴谋要将姬家斩草除根。庄诬陷他的五妾与姬铣有染，而将五妾杀死。尔后用重金买通流氓恶棍高某作伪证，再用重金买通州官禹明，构陷秀才姬铣犯奸杀之罪，再出重金唆使狱卒在牢里杀死姬铣。

合州全城的绅士、六学生员、百姓，知姬秀才蒙冤受屈，危在旦夕，出于公愤，聚集衙门，喧哗鼓噪。在强大的民众威力面前，贪官禹明不得不释放姬铣，取保候审。

不久，州官禹明因叛变朝廷勾结海盗危害民众而枭首示众。庄罗党、高某因恶贯满盈而收监听候判决。庄罗党家产籍没，诒燕堂归还姬家。姬铣出狱后，得到贵人扶持，考中进士，官至翰林院修撰，合家团圆，并在诒燕堂举办了欢庆宴。

《南双记》的创作目的是要传因果报应之"法"——"积善有余庆，积恶遭恶报，这是天理。"在这一思想的支配下，广菴认为，十恶不赦的坏人，必定会遭老天爷严厉惩罚，受害人不必去复仇。这似乎有点人性论的味道。

基于这一思维创作的《南双记》，虽然故事很完整，但少了一点戏曲的跌宕冲突；虽然情节发展有逻辑，但看不到激动人心的高潮。每到戏曲矛盾的关键时刻，却由关公、周仓诸神来评判了事。所以人物性格的刻画比较一般化，人物形象少了点亮色。

以传奇为镜，鉴善败、警愚蒙的戏曲效果，给人印象深刻。对官场黑暗、对监牢血腥的揭露，入木三分，淋漓尽致，在这一点上它与关汉卿的《窦娥冤》不相上下。

《南双记》文笔优美，结构甚紧；音律协和，宾白工整，时人称其有“上掩东篱，下方海若”的力道。

杂文家

飲醇堂文集二十卷抱膝廬詩草十一卷娱暉草十一卷和靖節集三卷西山紀遊一卷南浦詞三卷和昌谷集一卷

〔清〕周金然撰

上海圖書館藏清康熙刻本

附《四庫全書總目·周廣菴全集三十八卷》提要

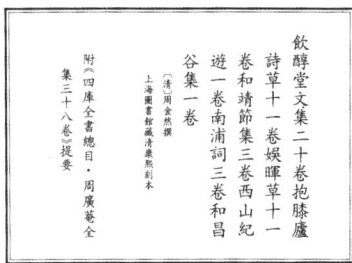

广菴公举天下之学而将其可贵者熔铸为自己的知识。所以他的文章犹如万斛之泉，随地涌出，自然流畅，气势不凡，没有一点抵牾不合之累。

古人说，文贵凝结于内，不流滥于外。广菴公的文章，内容硕实，言词质朴，张力巨大，自成一家。

著名文士周亮工说周公文章，有贾谊、刘向、司马迁的博辩雄伟；有韩愈、柳宗元、欧阳修的醇厚放肆，故能历久而弥新。评说虽然有点过誉，但不失为独到眼光。

下面我们一起来分享广菴的论文《孔明自比管乐》中的开头部分：

管仲有治天下之才，而无定天下之量，乐毅有胜天下之智，而无先天下之几，合二子之偏以为全者，其惟孔明乎！才优为王佐，而量有余，智过乎策士，而几不失，识者谓其必能复汉室以取天下，抑知其意虑更有度越乎人者矣。奔踶之马，或致千里，人称其力，不必称其德也。有骐骥者出马，步骤中度，缓急中节，能行千里，而且能不蹶张于行，不惟其力，而惟其德，则全者伸而偏者诎矣。且夫功足以取威定伯，谋足以略地攻城，此英雄之事，智者之所长也。黜诈力而崇大义，置权术而奉天时，此英雄之所不能为，智者之所不及见矣。吾观武侯隆中数语，指掌了然，逮定鼎三分，若操券而取。他如出师二表、开诚四言，直可配典谟，参训命。至君信其忠，士信其公，甚而仇信其法，又甚而蛮方信其威，煌煌乎内圣之学、外王之业也。

广菴不但笔力超群，而且文章体裁多样。《饮醇堂文集》收有赋、骚、序、题词、题跋、寿序、碑记、墓志铭、论、赞、颂、尺牍、启、杂著、连珠、疏、文、祭文等十八类之多，被时人称为杂文家。这在清代文坛上很难见到。

广菴的道德文章，诚如当时人汪尧峰所评："卓荦精致，为瀛台翘楚。"

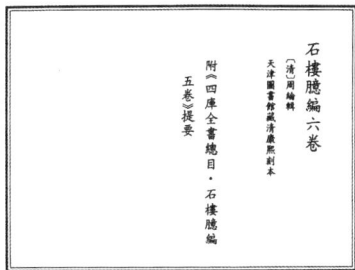

石楼臆编六卷
〔清〕周笃棐辑
天津图书馆藏清康熙刻本
附《四库全书总目·石楼臆编
五卷》提要

大治河

39

回荡在大治河畔的江南丝竹

江南丝竹成型于明代中后期。约在嘉靖年间，太仓人魏良辅和安徽寿县人张野塘翁婿在创制昆曲的过程中，组成了以张野塘为中坚的昆曲丝竹伴奏队。作为昆曲翅膀的丝竹随着昆曲的拓展而翱翔于江苏南部、浙江西部和上海地区，故称之为江南丝竹。江南的秀丽山河、繁荣经济、深厚文化铸就了它特有的音乐风格："小、细、轻、花、雅、活"，使它成了民族音乐史上有名的乐群。

江南丝竹在成型早期就传到了今浦江镇的大治河畔。相传明代嘉靖、隆庆年间，浦东长期无雨，官府派官员与叶家行（在今浦江镇正义村）的道场法师一起去无锡，请来一批道士求雨。苏州、无锡的道教者是最早将魏、张创制的丝竹引入道教的。道士们在做道场法事时，演奏的大多是悠扬婉转的江南丝竹。这种音乐与传统的道教音乐不同，它贴近日常习俗，充满生活气息，透露出老百姓的生活心态——活着就要活得开心。这引起了当地信教的道士、道场法师、艺人和民乐爱好者极大重视和喜好。由是，他们联手将道教中的丝竹音乐与滩簧、时调小曲等音乐融会贯通在一起，使之逐渐地形成了具有本地风情的江南丝竹。

江南丝竹的发展，随社会政治的悸动而起伏。清代中期，统治集团强化社会管控，大治河畔的江南丝竹班只能时聚时散，丝竹音乐奄奄一息。清末民初，在改朝换代的空隙间，大治河畔的江南丝竹随着丝竹音乐发展的大势也驰入了快车道，丝竹班如雨后春笋遍布村村宅宅。

有记载说，每到夏天，吃过夜饭，丝竹班的人就会拿着二胡、笛子、琵琶、箫来到班主家的场地上，沐着淡淡的月光，坐在驱蚊漫烟堆的下风处，演奏江南丝竹。当丝竹音乐和着稻花的香味越过小河飘向夜空时，村宅上的人就会拿着凳子来到演奏场和演奏者一起追逐稼穑之外的梦想，享受丝竹带给自己的快乐。邻村邻宅的丝竹班听到微风送来的袅袅青音后，会应声响应。这样，一应二、二应三、三应五……大治河畔的田园乡村成了童话般的丝竹大世界。

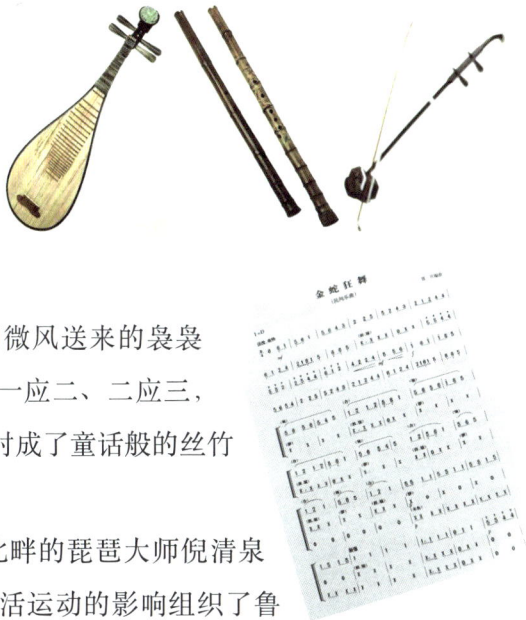

20世纪20年代，大治河北畔的琵琶大师倪清泉和学生徐大章受新文化、新生活运动的影响组织了鲁汇国乐队，聘沪上丝竹能手洪锦堂为师，传授二胡、三弦。每逢节日、庙会或婚庆喜事，鲁汇国乐队会自带乐器上门演奏，且分文不取。演奏时，各种乐器上会系上彩珠、亮片、铜钱等制成的"龙凤呈祥""狮子滚绣球""万年青"等彩头，以增添喜庆欢乐气氛。经常演奏的曲目有《知心客》《欢乐歌》《行街》《悦乐》（月落）等。这一文明的样式广受农民群众的欢迎。奉贤、南汇、川沙等民众纷纷赶到大治河畔的鲁汇，盛邀乐队为新婚仪式等各种活动添彩助兴。人们以能请到鲁汇国乐队为荣。一时际，鲁汇国乐队誉满浦东。由是，南汇、奉贤、川沙等地都有人前来拜师学艺。30年代，大治河畔有名气的江南丝竹班就有八个之多，而自娱为乐、随时组合的乐队几乎每个大村宅都有。

有人认为，丝竹音乐具有平和的特性，能陶冶人的性情，所以40年代中后期，乡村小学高年级每周一节的音乐课，主要教丝竹音乐。那时学校没有乐器，老师用自己的一把二胡给孩子们上课。为使学生心思集中，老师先奏一曲短小的江南丝竹：如表现农民热爱生活、赞美家乡风景的《紫竹调》；如表达人们欢乐情绪的《欢乐歌》；如溢满了欢乐节日气氛的《三六》（又名《梅花三弄》）；又如生动表现冬去春来，万物向荣景象的《阳春白雪》；等等。说也奇怪，学生一听到丝竹音乐会就安静下来。上课的内容是教唱江南丝竹各曲目的简谱。因为孩子们喜欢，所以唱曲时非常投入。后来不少学生长大后成了乡村或单位的丝竹班骨干。

20世纪50年代前期，丝竹班经常参与节庆开会、欢送青年参军入伍、慰问烈军属、慰问劳动模范等公益演奏活动。活动中，汇东村清音班广受群众好评。50年代后期，在破除迷信、移风易俗的大背景下，丝竹班、国乐队的活动渐趋式微。有的丝竹班为新成立的剧团做伴奏；有的国乐队进了常州沪剧团。"文化大革命"期间，除少数乐手为文艺宣传队伴奏外，大部分丝竹班不再活动。

江南丝竹能用优雅的曲调，完美地展现人与人之间友好谦让、和谐创造的社会文化内涵，所以，几百年来，不管怎样，一直是人们的最爱。劳后无事，奏曲听乐，这是何等的享受。

改革开放后，大治河畔的新房老屋里、各村活动室里，丝竹之音连续不断。汇中村的清音班和村外来务工人员丝竹班的演奏活动总是听众满堂，掌声阵阵。大治河畔的江南丝竹获得了新生。1991年，徐来根、蒋海林、朱龙生等人加入了上海市丝竹学会，经常参加区、市级的交流、观摩演出。在这批丝竹高手的带动下——悠悠丝竹再次回响在大治河畔。

相关链接:

1. 丝竹，借指音乐。二胡、笛子、琵琶是丝竹的代表性乐器。丝，指拉弦乐器（如二胡、中胡等）和弹拨乐器（如琵琶、三弦等）。这些乐器的弦通常用蚕丝制成，故而称为"丝"。竹，指用竹子做的乐器（如笛、箫等）。

2. 丝竹音乐，始无定称，有称它为丝竹、国乐，也有称它为清音、仙鹤等。其团队则称为某某班（队）。

3. 丝竹共有三百多首曲目。其中最著名的有十四首金典，如：《行街》《中花六板》《紫竹调》《春江花月夜》《慢六板》《欢乐歌》《慢三六》《三六》《阳春白雪》《汉宫秋》《梅花三弄》《高山流水》《花好月圆》《四合如意》。金曲，也有人说是八首，也有人说是十首。

一个由盐业兴起的集镇：叶家行

开门七事盐居中，盐是人类生活的必需品。在古代，盐税的收入是官府的重要财源，所以古代盐的生产和销售全由政府管辖。然而，宋代中期后，出现了官办盐业、官商合办盐业和非法私营盐业三家并行的局面。在这样的社会经济活动的背景下，在杭州湾北岸的产盐大区周围形成了不少由盐业而兴起的市镇。现今大治河畔浦江镇正义村的叶家行就是其中之一。

据记载，唐朝后期，在如今的上海南部奉贤、南汇、金山地区，有名的盐场就有十处之多。其中靠近奉城的有袁浦、青村、青墩、横浦等盐场。在奉城西南高桥处有条源起于护塘河的南北港。南北港流到今天的叶家行时，来了个大转弯，折向东北后汇入闸港，融入大黄浦。大黄浦是苏、锡、常、镇等水网中的一河，这样南北港就成了四大盐场运盐的重要动脉。由此，它以运盐河之名载入史册，并成了两个行政辖区的界河，那个大湾则被称为"运盐河湾"。

有趣的是，生活在河西的大多数是从事盐业，生活在河东的大多数是从事农业。

二

运盐河湾是个大湾，湾内泊船也不影响主航道船只通行，而且它那长长的湾岸，像母亲舒展的手臂给人以拥抱和安全的感觉，所以它成了船工们最喜爱的风水宝地。

随着四大盐场的发展，到运盐河湾候潮、避风、休息的运盐船和其他船只与日俱增。船艄接着船头，船头接着船艄，船船之间，相互挤轧着、碰撞着，船工的喊声、小商贩的卖唱声此起彼伏，湾内一派热闹景象。

在河湾的闹声里，运盐河西湾岸陆续建起了官府的盐廒、官商合办的盐廒，以及私家的盐仓。运盐河湾的闹声吸引了商贾、郎中、小贩、艺人来此经商贸易、开店营业、杂耍演唱。于是，沿着湾岸渐渐地建起了饭馆酒店、旅舍茶室、衣庄鞋店，以及各种各样与盐业相关的杂货店。铁、木、竹、篮、袋等与盐业关联的手工作坊亦相继亮相于街坊路旁。大湾西岸渐渐地形成了一片商品集散地。

在各地商贾争相前来运盐河湾创业兴业的竞争中，叶宗行的祖辈以特有的智慧才能、特有的营销策略眼光，以及谦和守约的经营道德，赢得了大商行的头衔。叶大商行的成功，犹如市集招商引资的号角，许多有志人士纷纷赶来加盟创业，有钱人家、文化人士亦来此造房定居。市集一年一年地成长终成集镇——叶家行。叶家创业成功之后，不忘馈赠百姓、回报社会。为方便两岸百姓的往来，叶家在湾的南北两端先后造了两座桥，传说南面的桥叫"和济桥"，北面的桥叫"共兴桥"。两岸连通后，叶家在大湾东、西的叶家大宅院中各开了一所私塾，为推进地方教育文化和社会发展做出了榜样作出了奉献。

在大湾西岸成为集镇后的几年里，尤其在两桥建成之后，大湾东岸也慢慢地被带动，逐步融入了人烟稠密、商贾辐辏、市场繁荣的叶家行。由是，大湾及其北段的运盐河湾又被人们称为"叶家港"。

叶家行除了盐业商贸的特色，它的格局形态也非常引人注目。西湾岸的商铺门店和宅门都是面河的，门前是一条用侧砖铺就的大街路，街路沿河岸是各家的码头。最惊人的是商店宅屋全都顺着湾岸的弧度而建造，没有斜角、暗角，给人以柔美的感觉。大湾东岸的门面也一律面河，由于东岸呈直线状，因此门前是一条笔直的用小方砖铺就的大街路，沿岸有几个泊船的小码头。东西两街隔河相望，煞有趣味。这种"两街夹一河"的集镇，在浦东地区也仅此一镇。

两市成一镇后，湾西、湾东所经营的货物仍有着各自的显著特色，湾西是"盐色"，湾东是"农色"。

如铁匠铺，湾西主要制作造船、修船用的大而长的铁钉；湾东主要制作造房修屋用的小而短的铁钉。如袋袋商店，湾西主要卖装盐的皮袋；湾东主要卖装棉花的蒲包。如木竹行，湾西主要卖船用的木桨、木橹、竹篙、抄盐板和船上用的舱竹席等；湾东主要卖木台、木凳和竹床、竹椅等。如绳店，湾西主要卖拦船用的大麻绳；湾东主要卖捆稻秆、捆棉秆用的小粗细的棉纱绳和稻草绳等。如铁锅铺，湾西主要卖又大又厚的熬盐锅；湾东主要卖农民家用的炒菜烧饭锅……

三

宋蒙（元）争战，山河破碎，水利失修。运盐河湾和东江（今大治河）等水道淤塞。遇到旱情或枯水季节，航运时常受阻，运盐船、商船和其他船舶只好改道而行。叶家行的一些商旅人士、文化人士和居民等逐渐移往他地，叶家行渐现颓势。

元朝建立不久，离叶家行不远的盐铁圹边的拨赐庄（元帝拨赐给公主的大庄园）迅速崛起，一时际，风头压过了叶家行。叶家行又有一些商贸人士、居民人等去了拨赐庄，叶家行虽名气尚响但风光不再。

可惜的是，叶家行再也没有得到复兴的机遇（一镇分属两个辖区也可能是原因之一。至今，界河还在，叶家港西岸属奉贤区，东岸属闵行区），但它即使到了风烛残年，仍默默地坚守在那个湾里。2024年10月26日，我和朋友去叶家行勘查访问时，村民叶锦官告诉我们——

我伲叶家世世代代生活在这里。20世纪50年代环龙桥（即石拱桥）桥堍朝东还有一段砖铺的街路，两边有十多爿小店。小街啥辰光没的，记勿清了。从我伲这里朝北一点点的向观桥徐家堂，是徐光启后代的住宅（徐光启孙子徐琨于1616年由徐家汇迁来向观桥——也许跟叶家行的名气也有关系）。

《乾隆奉贤县志》的市镇条目，对叶家行的记述只有一句话："叶家行，（明）钱塘知县叶宗行所居地也"——对此，我现在有点懂了。

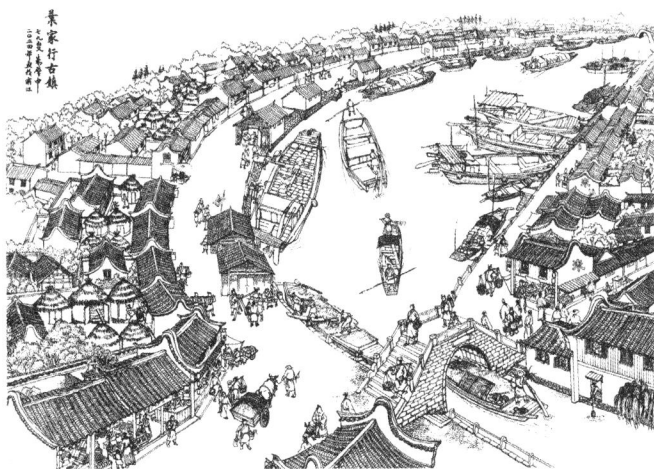

相关链接:

勘察访问动迁中的叶家行

一本有价值的家谱

家谱是记载同宗血缘族群来源迁徙、繁衍生息、荣衰升沉、人事活动、人物事迹等方面的档案。

家谱是与方志、正史构成中华民族历史大厦的三大支柱之一，是中华民族历史文化的一枝奇葩。

盛世修谱是我国传统文化中源远流长的一个优良传统。

自 20 世纪 80 年代以来，越来越多的有识之士认识到，家谱对于数典尊祖、传播文化、增强凝聚力，激励族群奋发向上等方面具有独特的功能与价值。所以，他们不辞辛劳查阅档案资料；千方百计收集散落的家谱材料；过河涉水向族人征求意见、征集文稿；开会、研讨、撰写……编修出版了令他族羡慕、本族骄傲的有价值的家谱。

由向观桥徐氏世系家编修委员会和族孙徐正华等主编及徐思卓、徐孝根、徐秋根等执编，花多年时间编修而成的《向观桥·徐氏世系家谱：1616—1997》就是这样一本有价值的家谱。

向观桥是横跨闸港（今大治河）的一座桥梁，徐氏世居桥梁附近，瓜瓞繁衍，东西南北多是徐族，"乡人遂以向观桥徐氏名之"。从地理位置看，村宅在大治河之南，今属浦江镇正义村七组。

对于向观桥徐氏是否明代徐光启后裔，长期以来，一直处于稽考之中，这次增修家谱时，族人在奉贤县（区）档案局看到了散失已久的徐氏

《家谱》。《家谱》记载：徐氏一族在宋代由汴京迁至姑苏，至轩竹公又徙移松江府上海县。万历四十四年（1616），徐光启孙徐昆十四岁时从徐家汇迁至向观桥（今浦江镇正义村七组），后娶太学生浦锡熙女为妻，生一子名灿。徐昆殁于天启元年（1621），年仅十九岁，其墓在闸港旁。向观桥徐氏遂尊徐光启为始祖，昆公为始迁祖。《家谱》的记载，确凿无疑地证明向观桥徐氏是明朝万历进士、《农政全书》作者徐光启的嫡系后裔，就这一项，就足以说明这次编修谱牒意义之重大和族人合力之可贵。

这次编修的《向观桥·徐氏世系家谱：1616—1997》，传统色彩浓烈，图表清晰丰富，不失为一部上乘的家谱，其中《仁术济世·记我宗族历代名医》一章，给人印象特别深刻，现将十六世孙裔言乾、可风写的一段文字，摘录于下，以明徐氏家族"仁术济世"的高技大德——

　　他们从乐字辈起，跨越六辈及三个时代，勤勤业业，治病救人。仁术济世，影响之广，由族人之圈伸展到社会各界，由鲁汇一隅辐射至方圆数十里，在缺医少药，科学落后，国家贫穷，民不聊生的年代里，是这些名医给当地父老乡亲带来了生的希望与幸福。新中国成立以来的几十年中，以鹤松先生、福田先生为代表的一批新老医生，怀着一颗爱宗族、爱人民、爱祖国的赤子之心，始终工作在光荣的医疗保健战线上，作出了重要贡献。他们即使在政坛风云变幻的年代里，仍然矢志不移为病员服务。这是先祖光启思想的生动体现，今后必将永远激励后辈发扬光大。

徐氏家谱中的祠规条例分明而详细，在谱牒中具有一定的代表性。比如，光绪二十七年（1901）续订的《续议祠规十则》中规定：族中"鳏寡孤独"者，宗族应从祠田收入中拨粮救济；"贫病废疾之辈"亡故后，当从祠田收入中拨款帮助棺衣殓事。这两条祠规，让我们看到了宗族力量所具有的独特功能，体现了宗族在扶贫济困方面所起的独特作用。

向观桥徐氏的后人一代接一代积累编修家谱的材料，近年又编撰了这部芳香四溢的家谱，得到了人们的赞扬肯定。其实，包括大治河畔乡村在内的上海地区的其他宗族也为社会的进步发展作出过很大的奉献，都产生过许多优秀人物，所以每一个宗族都应该以徐家等为榜样，把族人凝聚起来，大家一起来编纂家谱，续修谱牒，使编乘修谱成为一种资政育人的社会风尚，为家谱文化的进一步繁荣作出贡献。

驰名浦东的观涛书院／王郁天与大江中学／稻香何处不入梦／现代医学背后的人／中国近现代漫画的鼻祖／清泉汩汩琵琶情——琵琶大师倪清泉／杰出的战地记者陆诒

北畔

大治河的前生——闸港

驰名浦东的观涛书院

观涛书院

文化的传承，社会的发展，人才的培养，都离不开教育。与陆地一起成长的浦江镇人，对教育有着独到的认识和深刻的理解。不管时代的潮流如何曲折，一代代耕夫渔民、仁人志士、达官富绅，对教育的热情从未减退过，对教育的投资从未吝啬过。他们毁家兴学，置田办学，捐资助学，出力建校，创办了一座又一座义学、私塾、书院、学堂、学校，使浦东大地上读书之声绵延不绝。琅琅书声之中，观涛书院学以致用的书声尤为激越撼人。

清代晚期，国家面临被列强瓜分的危险，而官学又日益腐败，社会急需的人才严重匮乏，面对严峻挑战，以培养经世致用人才为己任的新式书院登上了历史舞台。在时代和潮流的涌推下，明代杰出科学家徐光启后裔徐乐纬、徐乐炳等乡贤献屋捐田筹资，于同治六年（1867）在今大治河畔的鲁汇老街创建了观涛书院。

书院位于涛声如诵的闸港北岸，坐北朝南，面河的大门为墙门式独立屋宇，蟛蜞型的屋顶，表形圆润简朴。大门左首的廊柱上挂着松江知府杨永杰所书的"观涛书院"院牌。

走进这座民办乡村书院，得有足够的教育承受能力。正对大门的屏风上写着"学以致用"的院训。东壁镶嵌着杨知府的《观涛书院记》石碑，碑记说明了书院起名"观涛"的道理："曰观涛何也？地逼海壖潮汐所至，而亦谓诸生之文之极乎，韩潮苏海之观耳。"西壁镶嵌着南汇知县陈其元的《观涛书院记》石碑，碑记中说："文翁教人，学者比之邹鲁。"知府、知县的寄言与书院的院训，体现了传统教育和新式教育在观念上的理性结合。

进门后是第一进庭院，南北窄、东西长，庭院中央的青石板路贯穿南北。路的东西两侧各有一个半圆形的水池，路的两条边分别为两个半圆的弦。水池青石贴岸，池周施以石栏，造作古朴。水池犹如学宫中的泮池，寓有教化流传的意思。

青石板路的北端是先贤祠，祠内大屏风上挂着孔子画像，两旁有一副对联："读书贵能疑，疑可以启信；读书在有渐，渐乃克底有成"。东壁挂有徐氏先贤画像。西边粉墙上写着《观涛书院学规》。学规强调：崇尚实学，学以致用，不徒高谈虚论；要学国学，也要学西学；有了学问本领，应经世纬务，为振兴国家民族出力……这些规定，使它跟当时科考式的官学、旧书院有着本质的区别。它像大风吹向无边的森林。先贤祠是祭拜孔子和徐氏先贤的礼堂。每逢新生入学之时和每月初一、十五的课试之日，全院师生在此集会，向孔子和徐氏先贤行叩拜之礼。这种纪念性和感恩性的仪式，有助于学子从中受到感染和激励，促进学子学业的提升和人格的完善。礼毕之后由堂长（山长）向师生作言简意赅的讲话，内容大多为痛斥科举文字的庸滥，俗学的无用；教导师生务实践，斥空言，学会一技之长为民众服务。

先贤祠东边一间为堂长秦荣光（字炳如）办公室。陈子先（字紫仙）聘为山长后，两人合用一间。此时秦荣光还兼任三林义学董事、三林书院山长，故观涛书院日常事务由陈紫仙负责。另一间为讲书和斋长的办公室。西边两间为教授办公室。四室皆有书院董事徐乐纬的门楣题额"励耕"，意在赞美大家教书育人、做学问，像农夫耕耘锄草一样，长年累月，不辞辛劳。办公室的正面粉墙上都写有《观涛书院教条》，教条类似于时下的教师规范。其主旨是，教授要有扎实的学识，还必须掌握一门实用的技艺方可为师。

书院的堂长、山长，既是书院的管理者，又是讲学和学术的带头人。他们的品性、学养直接关系到书院的发展和生存，所以堂长、山长必须是学行兼优，可以师范学生的人，而且必须由书院董事与地方士绅公举，实行聘任制。陈子先和秦荣光就是经公举而聘任的。据文献记载，陈子先和秦荣光都是自成一家的博学之士，有丰富的教育经验，有强烈的爱国强国思想，是著名的地方教育专家。秦荣光执着教育的同时，殚心史书，用心乡梓掌故和文学创作，所著《补〈晋书〉艺文志·学校志·水利志》《同治上海县志札记》《光绪南汇县志札记》《上海县竹枝词》《养真堂诗文钞》等，受到专家学者重视。陈子先献身教育的同时，从事民间秘方丹方偏方的搜求整理和研究，编辑了三卷秘方、丹方、偏方、奇方录，丰富了中医药库和临床医学。让人感佩的是，他不仅把从民间学得的药方医技传授给师生，而且经常为师生、农民把脉治疗。这对贫穷落后缺医少药的乡村来说，可谓雪中送炭。讲书、斋长和教授也实行聘任制，由堂长（山长）聘任。他们都是学有专长的地方学界名士。讲书负责书院的教务，斋长负责师生的生活起居和学田管理。这样的职事设置和聘任方法，使学以致用的教学目标落实有了可靠保证。说明此时的观涛书院已有了现代意义上的组织管理制度，是官学、旧书院不能与之相比的。观涛书院的烛光照亮了浦东教育的前进道路。

先贤祠往北是第二进庭院，南北长，东西窄，比第一进庭院大三倍左右，为书院操场。庭院中央的青砖路两边各放置两只釉彩七石缸，缸内植有荷花。书院董事以荷花为景致的点缀，有其深刻的用意。

由青砖路朝里走，是大讲堂。这是书院的心脏，也是智慧的殿堂。大讲堂面阔三间，门口的大柱子上挂一副对联："倜傥指挥天下事，风骚驱使古人书"。这是高年级的讲堂。大讲堂左右各有两室，为中、低年级讲堂。讲堂正面的粉墙上都写有"学以致用"四个大字。分班教学是新式书院与官学、旧书院区别的标志。观涛书院的分班法，虽然还比较幼稚笼统，但它向社会表明书院的教育目标是培养经世致用人才，而不是科举人才。这是教育迈向现代化的第一步，是书院广受民众欢迎的根本所在。讲堂外面的门口处，贴有《课程规式》，相当于今天的课程表。《课程规式》中，有经史、文学、天文、地理、医学、农桑、博物、算术、测量、兵操等课程。从课程设置上可以看出，书院根据社会对文化教育的需求，把"西学"作为教学内容，把培养经世致用人才的教育目标和治世救国的现实结合到了一起。这就是新式书院的"新"。经史、文学采用问答式，学生发问，教授答疑，对书中的任何疑问学生都可发问。这对教授来说，是一种挑战，也是一种考量。如果学生没有问题，则教授依课文内容进行讲解。自然常识课、劳作、医学课，除良师教授外，学生还要做实验、劳作和实习，而且规定实验、劳作、实习是课试的重要内容。实验仪器都是陈子先和秦荣光捐薪所购。全新的教育理念，全新的教育内容、方法，培育了大批有新知识的社会有用人才，学有成就的人也很多。声教所及，川沙、奉贤、上海、松江等其他县的学子也慕名前来。一时生徒云集，广众盈庭，影响日益扩大。观涛书院成了和三林书院、观澜书院、惠南书院并驾齐驱的浦东四大书院之一。有关文献资料记载说，浦东文风的昌盛、浦东学派的形成与观涛书院也有密切关系。

庭院东西各有六间厢房。东厢房三间为藏书室，另一间为阅览室。阅览室的楹联上挂着一副抱对："读书有四个字最要紧，曰阙疑好问；做人有四个字最要紧，曰务实耐久"，一派新颖的学府气象。书院是教书育人、普及文化、进行学术研究的场所，为满足师生教学和研究的需要，陈、秦两位把搜藏图书作为一项重要的工作，而且尽可能多地购进西学、新学书籍。在他们长期不懈的努力下，观涛书院图书数量之多、门类之齐，西学书籍之富在浦东地区赫赫有名。藏书室、阅览室还对地方士民乡绅开放，为文化传播普及发挥了纽带的作用。还有两间分别为标本实验室和劳作室，墙上贴着《实验劳作室章程》。西厢房为斋舍（师生宿舍），在走廊的墙上写着《斋舍规定》。可见，观涛书院的管理已相当制度化、规范化了。这在清末民初的浦东教育史上是少有的。观涛书院不愧是走在潮流前列的书院。

中日甲午战争（1894 年），中国败于学习西方的日本之后，面对残酷的现实和社会的召唤，有着强烈爱国救国思想的书院教授们把培养经世致用人才视为"教育救国"的社会责任；把激励学生为拯救国家民族而刻苦读书，奋发上进，视为自己情怀的寄托。全院教授在陈、秦二位的带领下，特意捐献薪金作为奖学金奖励学生。他们还到处奔走呼号，千方百计筹款资助激励有志青年到日本学习陆军、实业、制造、师范等专业，将西方当时最新的知识引入国内，以期达到救国救民的目的。方志上说"浦东地区留日学生较其他地区为多"的原因，盖出于此。这是观涛书院刻写在浦东教育丰碑上的一段不朽铭文。

讲堂后面是花园，鸡心状的湖泊占了花园五分之三的面积，湖中荷叶连连；环湖为亭台假山，岁寒三友，桃李佳木，景色清佳。这是古人"天人感应"哲思在书院构建中的体现。恬然悦目的秀色可以启迪学子的文思，陶冶学子的情操。湖畔"心尖"处有一药圃，这是陈子先和学生劳作实习的地方，圃里种着秘方、偏方、奇方中需要的草药。正是这些看似平常的药材，经过陈子先的妙手为师生百姓治好了病患。药圃后面的高坡上，放着一只三足铜炉，师生们称它"惜字炉"。书院规定：凡有文字的纸，不许随便丢弃，一律交到斋长处，由斋长定期放入惜字炉里焚化。从这种文化表意中，人们体验到了拓荒者后裔对文字和知识的崇敬；体验到了传统中国的人文精神。

花园围墙的外面是徐氏族人捐献的学田。学田产出的收入全部用于书院。书院也组织学生到田间劳作，一为增进学生的知识技能，一为减轻学田管理方面的负担。因为书院有较强的经济支撑，所以学生全部免费入学，这为贫穷的农家子弟读书敞开了大门，体现了孔子有教无类的教育思想，体现了教育的人性化。这是对教育的尊重。据观涛小学堂堂长乔轶千先生的后辈说，为给书院的持久生存和不断发展提供可靠的经济保障，书院董事会还在南汇县海边购买了五千多亩可开垦的海滩圩田。

为适应时代前进的步伐，清光绪十八年（1892），观涛书院率先改为观涛小学堂。并对教学内容、方法作了进一步的调整改进，突出了数学、技艺、植棉、棉纺等课程的教学，使之更加切合乡村实际，更加贴近社会，更加致用。观涛小学堂赢得了民众称赞。后来，根据社会发展的需求，观涛小学堂又改为观涛小学。张闻天先生应邀来校教授外语，八一南昌起义的参加者林钧、赵天鹏亦曾来校任教，教育开始迈向现代化。观涛书院上承私塾、义学，下接学堂、小学，接通了浦东文化教育发展的文脉，功不可没。

观涛书院，作为校园的历史已经永远地翻过去了。但作为清末民初浦东地区教育、文化、思想、精神的代表，永远辉煌。20世纪70年代"闸港"整治后，河道改名大治河。书院的院舍和闸港的名字随着时代的潮流流向了远方。但观涛书院和她的滔滔书声永远留在了浦江人的心中。

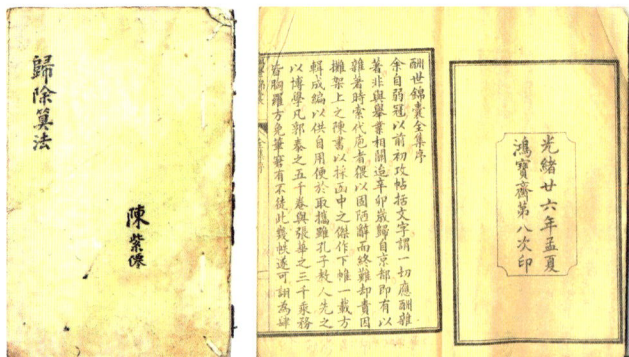

观涛书院教科书

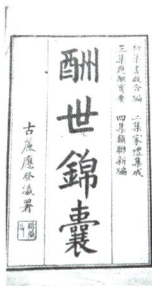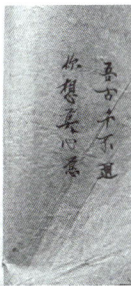

陈子先（紫仙）教本藏书

王郁天与大江中学

一

王郁天（王文彦），1915 年出生于今浦江镇勤俭村赵家桥的一户殷实农家，父亲逝世失去栋梁，与弟妹三人靠母亲耕织活命。国难家贫，锻就了王郁天的坚强性格和远大志向。他拼命读书，于 1935 年考入上海市中国中学高中部。在学校里，他加入了共青团地下组织，北平学生发起的一二·九运动，影响全国。为声援北平学生，王郁天带领同学去市政府游行示威，遭到校方的开除警告，于是在团组织的安排下，转到南汇的惠平中学读书并担任学生救国会主席。后根据地下党"到民间去，到乡村去"的指示，回到浦东杜家行老家。

二

王郁天在老家隐蔽了一段时间后，与几个同志相约去延安，遭遇道路受阻，只好滞留浙江萧山。1938 年加入中国共产党。不久，王郁天向党组织提出去延安的要求，未获批准。王郁天与新婚妻子史谛决定离开萧山，再择道路去延安，由于长江被封锁，热切愿望未能实现。令人遗憾的是，王郁天从此与党组织失去了联系，但爱国之心始终不变。

为实现抗日救国的抱负，王郁天辗转于广东曲江、湖南邵阳、广西桂林等地，一面教书，一面开始文艺创作，与左翼作家秦牧、邵荃麟、张天翼等建立了亦师亦友的情谊，并以笔为枪，创作了小说《康克林》等文艺作品，揭露国民党"攘外必先安内"的反动行径，还写了大量讽刺国民党"内战内行，外战外行"的杂文，用文艺的形式参加抗战。经人介绍，他加入了中国民主同盟，担任民盟机关报《民主报》的采访部主任，继续为抗日呐喊、为救国出力。在叶圣陶的推荐下，还担任进步报纸《商务日报》《大公报》的副刊和其他版面的主编，全身心地为抗日救国拼命劳作。1946 年 2 月，重庆发生震惊中外的"校（较）场口事件"，王郁天冒着被国民党特务暗杀的危险，以记者身份采访郭沫若，以犀利的笔锋揭穿国民党破坏和平建国和发动内战的罪恶阴谋。

　　1946 年春，王郁天回到上海，被民盟选为上海市委委员，同时主编《文艺知识》杂志，继续从事爱国反蒋活动。

三

　　1946 年年底，王郁天打算在大治河畔的鲁汇镇办一所中学，为战后国家建设培育人才，也为朋友聚议有个合法场所。

　　开办一所中学，遇到的困难可想而知，而办一所中学的重要性则不言而喻，王郁天以常人难以想象的勇气和智慧，不停地奔波和宣传，终于得到了广大民众和乡绅的理解支持，并在此基础上组建了以他为校长的董

事会。校董会凝聚大家的智力、财力和影响力，筹集资金、招聘教职工、置办教学设备、动员鲁家汇典当老板腾出部分房屋作为校舍。就这样，王郁天亲自起名的"大江中学"于 1947 年 9 月正式招生开学。时有一个初中班，一个高中班，有学生一百多人，教职员工十一人。拥有一所完中，对今天浦江镇内的鲁汇、陈行、杜行地区来说，还是破天荒。

据记载，教职工中有不少是中共地下党安排的掩护对象，如著名作家艾芜、何家槐，地下工作者俞双人等。在王校长和教师的带领下，学校教唱进步歌曲，如《你是灯塔》《团结就是力量》《大刀进行曲》等，并经常组织文艺演出，以之教育学生、宣传民众。在解放战争的关键时刻，学校印发中国人民解放军的捷报，举行家长恳谈会，宣传人民当家作主的思想，宣传我党政策，为迎接上海解放作出了努力。

大江中学的红色色彩，引起了国民党的惊慌，南汇县国民政府曾多次派人到学校、到鲁汇镇进行调查。1948年10月，国民党上海警备司令派兵到鲁汇抓捕王郁天，由于内线及时通报，王郁天已作好防备，得免于难。后来，敌人几次要拘拿校长王郁天，但在广大群众的掩护下、在校董事会的帮助下，王郁天都得以安全脱险。

1949年秋，人民政权接管教育后，大江中学并入南汇县简易师范，王郁天担任校长。

四

在那样一个百废待兴的时刻，王郁天扩大了师范附设的初中部。不久王校长被任命为南汇县教育局第一任副局长。1954年，南汇简易师范再次扩建，成了一所完全中学，校名为南汇县中学，王郁天任业务校长。1962年学校被市教育局定为县重点中学。

正当王郁天为培养社会主义接班人忘我工作的时候，1966年一场浩劫突然从天而降。他被

扣上种种莫须有的罪名，身心受到严重摧残。但他坚持原则，坚守人格底线，体现了士人特有的襟怀风骨。"文革"结束后，年过花甲的王郁天又斗志昂扬地投入了培养"四有"人才的热潮。从此，南汇县中的校园里，又有了王校长的身影。

大江东去，浪淘尽，千古风流人物。1989 年 9 月，王郁天安然谢世，骨灰遵照他生前的遗嘱撒入大河大海。

相关链接：

1. 《大公报》1902 年 6 月创刊于天津。初由天主教徒集资筹办，宗教色彩较浓厚，后随着历史的进程和办报人事的更迭，逐步办成了具有鲜明特色的大众性报纸。

报纸以"开风气，牖民智、挹彼欧西学术、启我同胞聪敏为宗旨"。主张"不党、不卖、不私、不盲"的四不主义。追求"客观、自由、独立、真实"的新闻专业精神。以"言论公允，经济独立，服务大众，服务公共利益"为职业理想和职业操守。

《大公报》是 1949 年以前影响力最大的报纸，也是迄今发行时间最长的中文报纸之一。

2. 《民主报》1946 年 2 月创刊于重庆，1947 年 2 月被迫停刊，它是中国民主同盟机关报。

报纸积极宣传民主，反对专制；主张和平，反对内战；要求进步反对倒退，赢得了广大民众的热烈拥护和响应，却遭到了国民党的血腥镇压和摧残。

报纸虽然只办了一年就夭折了，但它记下了中国民主革命运动的艰巨性，反映了中国民主革命运动的复杂性。

3. 《商务日报》1914 年由重庆商会曾玉钦、温友松、周文钦等拨款创办，以促进工商业繁荣发展为主旨，提倡"先工商业之忧而忧，后工商业之乐而乐"。抗战期间，副刊《经济界》经常刊登全国各地的物价和生活指数，颇为工商界欢迎，百姓所关心。1949 年 11 月前后停办。

稻香何处不入梦

几多打听，几经曲折，我们终于获知了水稻育种专家顾德法的住址。萌动已久的愿望就要实现了！因为激动，我们没有通话就径直登门造府。但顾老师和夫人毫不介意，非常热情地接待我们，向我们详细地叙说了顾老师的圆梦历程，临别又送给我们宝贵的资料和书籍。

1938年，顾德法出生在大治河和黄浦江交汇处姚唐顾宅的一户农民家里。1959年从上海农校毕业后，分配到上海农科院作物育种栽培研究所工作。从此，顾老师与水稻结下了不解之缘，在水稻新品种的研究开发及栽培领域里，进行一次又一次的自我挑战。

一

浦东农村里有句老古话叫"西瓜搭在饭瓜（南瓜）上——白搭"。意思是说，把这两种瓜搭在一起是永远不会有结果的。听着这句俗话长大的顾德法，对此有着自己的理解方式——不迷信、不武断，让实践来验证。这位充满智慧和活力的学生，在学校的试验田里，大胆地把西瓜苗搭在了南瓜砧木上。经

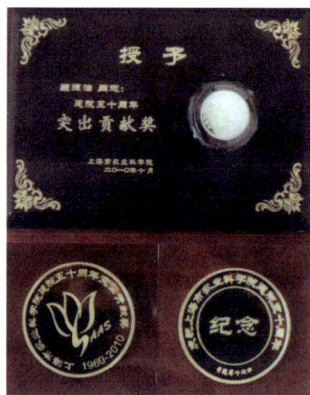

过不分昼夜的精心护育，终于在南瓜根苗上长出西瓜藤蔓，结出了甜蜜的西瓜，试验大获成功。中专生顾德法改写了西瓜不能搭在南瓜上的老话，这在中国农作物史上还是第一次。学校将这种西瓜作为中国学生"教学与生产劳动相结合"的成果，送到当年在德国莱比锡举办的国际博览会上展出。可惜由于时代条件的限制，顾德法毕业离校后，就终止了这项曾经轰动一时的科研活动。据顾老师回忆说，20世纪60年代初，"我见到日本报道：西瓜嫁接在南瓜上，可以增强西瓜长势，提高抗病力，增加产量，并在生产中得到推广应用。按时间计算，我的这项实验比日本人还早几年"。

西瓜与南瓜嫁接的成功，特别优秀的学习成绩，以及学校农科主任陈容德老师的极力推荐，使得顾德法毕业后进入了上海农科院作物育种栽培研究所。讲到这儿，顾老师动情地说："陈容德老师是伯乐，是恩师，我会一辈子记住她。没有她，就没有我今天这样的成绩。"

60年代前期是共和国的困难时期，天灾人祸，粮食短缺，局势严峻，急需农科战线的同志尽快育出高产多产的水稻新品种。这是一个关乎人民生活的紧急课题。到农科院近一年的顾德法和科室同志一起，满怀激情，开动脑筋，用足全力，从引进品种"农垦58号"中，系统选育出新品种"沪选19号"，并在全国双季旱作稻中推广种植了两千万亩，为缓解当时的粮荒起了点小小的作用。虽然这是项简单的系统选育工作，但人家都没有，所以这项研究获得了全国科学大会奖、上海市重大成果奖。

二

正当顾德法满怀信心地向水稻育种新目标迈进的时候，蹲点嘉定县徐行公社搞丰产样板田的他，接到了回院学习的通知。原来，"文化大革命"开始了。农科院的各级机构被砸烂，各级干部被批斗，一切科研活动被停止。农科院里一片肃杀。1971年以后，形势一度有些好转，但由于批左突然转为批右，混乱进一步泛滥。农科院里满目萧条，人们白天闹革命，

夜里打扑克。青春何多？胸存大志，不肯随波逐流的顾德法，不愿这样耗下去。他要逆水行舟。白天参加政治学习，晚上一个人悄悄地躲进小屋学习外语。没有老师，没课堂，他凭着让人民多吃一口饭的一片赤诚，通过电台自学了日语和英语，为日后科学研究打下基础。从1977年起，他先后发表译文五十余万字，出版译著两本。为我国学习借鉴世界先进的农业科技作出了奉献。

除了自学外语，顾德法还利用晚上时间做科学实验。为了实验的连续性、精确性，他"把被头铺盖搬进了实验室，进行整天整夜的定时观察"。正是从这一刻开始的奋斗，终于在十几年后结出了丰硕的成果。

功夫不负有心人。顾老师深有感触地说，做科研，做学问，做任何事，即使逆水行舟，"只要坚持，一定能胜利抵达彼岸"。

三

1978年十一届三中全会后，全国掀起了汹涌澎湃的改革浪潮。改革农业经济，发展农业生产，改善农民生活，被党中央列为改革重点。身为农业科技人员的顾德法看到了希望，又有了信心。他要去继续追赶自己的梦，圆人民群众的梦。

中国是人口大国，在粮食生产上，过去一直片面强调高产作物，忽视优质品种的培育和生产。在水稻种植方面尤其这样。因此，到20世纪70年代末，在我国绝大部分地区，多数优质品种几乎到了绝种的地步。为改变这种状况，为使人民群众吃上又香又糯的"贡米"，顾德法决计要让水稻优质品种"绝处逢生"。

为此，他与课题组的同志，花了三年多时间，跋山涉水，行程两万多公里，走访了每一个种植水稻的乡村、山寨，征集到两百多个传统的水稻优质品种。经过研究分析，这些品种虽有香糯的优点，但也存在着产量不高、容易倒伏的缺点。

那么，既高产又好吃的优良品种到哪里去寻觅呢？答案只能是：自己培育。

如何培育？十多年知识与实践经验的积累告诉顾德法：用"软 X 射线"辐射诱变法培育新品种。

"软 X 射线"这个名字，顾老师也是最近几年才有所耳闻，但只知道它主要用于工业和医疗方面，后来瑞典、印度、日本等国的学者用它来观察林木和农作物的病虫害、种子生活力和辐射育种等。在我国，农业专家袁国宝先生曾用它来研究元麦萌芽种子的辐射效应。至于具体怎么操作，如何用它来进行辐射育种，没有现成的资料可供参考。

软 X 射线仪器，院里正好有一台。这是前些年，院里一位老同志在参观展览时买回来的，至今放置在那里，无人问津。

一切从零开始。顾德法夜以继日，先后翻阅了上海、北京、南京、杭州各大图书馆里的相关专业资料。国内资料不够，又写信发函给国际友人，向他们请教有关这方面的研究成果与资料。在比较系统地掌握了这方面知识后，顾德法就干起来了。

第一步，反复练习并熟练掌握软 X 射线仪器的操作步骤和方法；第二步，从几百个优质品种中遴选出最佳的可供试验用的种子；第三步，将选用种子在室温下预浸两昼夜，催芽一昼夜；第四步，将萌动的种子放到软 X 射线仪器中进行辐射诱变。

经过多少个日日夜夜对选优种子诱变的反复实验和比较，顾德法"终于在软 X 射线透视检测与辐射育种方面，取得了成果"。

当然，种子诱变只是培育新品种的第一步，接下去，要在水稻田里搞栽培实验，这项工作更加复杂。顾老师说，为了加速选育工作，他们在海南岛租了一片水田。前一年冬季，在那里播种栽植，到第二年三月底选种收获。四月初再把种子带回上海，在上海栽培，做第二年的正规试验。这样，连续干了五年。虽然来回奔波很辛苦，但这使得原在上海只能一年种一次的稻，做一次的试验，变成了一年种二次稻，做二次试验。等于用五年时间完成了十年的课题任务。很值得。

种子播种后，不管刮风下雨、白天黑夜、露霜炎日、蚊叮虫咬，一直要在水稻田里来回检查，或蹲在稻田里仔细观察。那可不是一时半日的事，一蹲一看就是几天几夜连轴转。只有这样，才能测得最精确的数据。如果看到那些符合条件的，还要小心地在它旁边或稻秆上做上标签，长期跟踪观察，同时作好详细完整的记录。秋收时，还要单独进行收割、储藏。这五年，是艰苦奋战的五年，也是最幸福的五年。顾德法取得了一生中科研上最大的突破：育成了两个色香味俱佳的高产新品种——"香粳832""紫香糯861"，并在生产上大面积推广应用。

顾德法老师"应用现代科技，创造性地应用软 X 射线辐射育种方法"，育成两个特种稻新品种，为特种稻的育种改良闯出了新的路子，为水稻季型化、优质化、高营养的育种和生产开辟了新途径，收到了很好的社会与经济的效益。两个特种稻新品种分别荣获农业部科技进步三等奖与国家科委的国家发明三等奖。这是世界上首先公布的应用软 X 射线育成的水稻新品种。1990 年 3 月 4 日，在国际种子科学与技术会上，顾德法老师的论文、发言以及展示的"紫香糯861"实样，引起日本、韩国、印度、巴基斯坦等一些同行的兴趣。1993 年，这两个新品种被存入国家农作物种质资源库，为丰富我国的种质资源作出了可贵的贡献。

两个特种稻新品种育成后，顾德法在总结自己走过的历程时，有一段发人深省的话："其实，在国内知道用软 X 射线应用的人，不是我第一个，在我之前，南京林学院一位副教授及一位讲师，他们早就掌握当年苏联在林木种子检验上的应用情况，可惜这位副教授自己没有动手，那位讲师使用技术没有过关，未能开展工作。浙江农大农学系种子教研室几位老师，也知道国外软 X 射线在种子检验上应用的报道，与我们同时购进一台相同型号的仪器。但他们害怕软 X 射线对人体的伤害，而迟迟未能开箱，直到我们的文章发表，他们到我们的实验室参观之后开始启用。这又使我尝到了在科研道路上，敢为人无，敢为人先的一点乐趣。"

四

顾德法是个喜欢做梦的人，总是在不断地做着下一个更精彩的梦。在成功育成两种特种稻后，他又一头扎进了对稻米品质成分和营养价值的科学研究，其中他对紫黑糯米的研究，成绩尤为显著。

顾老师说，紫黑糯稻是我国珍稀稻种资源，因其米粒是紫红色的，所以民间又称为"紫糯""黑糯""血糯"。相传血糯具有药用价值，故又称"药糯"。据古籍记载与民间流传，紫黑糯米具有"开胃益中、健脾暖肝、明目活血、滑涩补精"的功效，可治喉痹、瘫痪不遂、青年白发等症。自古以来，受到人们的青睐，被视为米中珍品，不少地方曾用作"贡米"，民间有作为"月家米"专供孕产妇补虚养身之用。

然而，用现代手法对血糯的品质成分、营养价值作进一步的分析研究的资料，国内外极为罕见。为了满足人民的要求，为了给人民一个满意的回答，顾德法朝着新的目标，又发起了超越自我的冲击。

对稻种的培育研究与对稻米的分析研究，虽然两者之间有着内在的密切关联，但在科学研究的领域里是两个单元。对稻米品质营养的研究道路同样艰辛。

首先是千方百计收集可供试验的品种（连同本院的"紫黑糯861""香粳832"一起，共收集了四十多个品种）；接着将供试品种分别在特设的种质资源圃里集中种植，这是一项非常艰苦的工作，而且要连续种植两年，因为供试的谷子量必须达到规定的值；然后用统一的标准与方法对稻谷进行加工；最后用统一的测试内容与方法对米粒进行检测分析。总之，要求非常严格，容不得半点马虎。就这样，前前后后，经过了两年多时间，才获得了来之不易的精确数据。

结果表明：紫黑糯成品米（半糙米），含有比普通稻米更高的特种营养成分，包括蛋白质，纤维素，维生素 B_2，矿物元素 Ca、P、Fe……民间流传及在古籍记载说紫黑糯米对人体有益，并能防治多种疾病，是有一定的道理的。此外实验还证明，紫黑糯米的色素可作为良好的天然色素加以开发应用。

实验告诉我们，稻米加工程度的不同，其营养素含量也会不同。所以对稻米的加工，既要考虑人们的食用习惯，又要考虑稻米的营养成分，决不可千篇一律，要从实际出发灵活掌握。如普通黏性粳稻米，一般加工成精白米，吃上去可口，但营养成分就要损失一部分。紫黑糯米，无须深精加工，吃口既好，又能保存它特有的营养成分，同时还提高了稻谷的出米率，这样可一举多得。

顾老师对紫香糯的测试研究，使人们对紫香糯的香味成分、营养价值、医疗价值、色素结构等有了全面科学的认识，为进一步开发利用紫香糯提供了可靠的依据。如今，这款

"贡米"已端上了普通百姓的餐桌，用紫香糯制成的食品琳琅满目。

五

顾德法在软 X 射线农业应用方面取得的突破性成果，以及有关实验论文的发表，引起社会各方面各部门的关注。

1982 年夏，湖南湘西仪器仪表总厂探伤机械分厂的一位同志到上海农科院找到了顾德法老师。原来，该厂是 20 世纪六七十年代由上海支援三线建设时建造的高端军工厂，生产工业用探伤机。随着市场经济的发展，产业转化的加速，工厂任务不足，打算开发农用探伤机械，对上海农科院开展的研究工作特别感兴趣。所以双方相谈十分融洽，十分投机。不久，工厂聘请顾德法担任顾问。在顾问的岗位上，顾老师尽职尽力，与工厂同志同甘共苦，共商共创。经过三年的精心研制，终于成功开发出全国首架农用软 X 射线仪，并获得 1984 年度湖南省重大成果三等奖。

之后，顾德法老师又受聘于杭州西湖无线电厂，在那里当了五年顾问，合作研制成了农用软 X 光机。

顾德法研制的软 X 射线仪、软 X 光机，在农林业上被广泛使用，促进了我国农业科技、农业生产的发展。不仅如此，软 X 射线仪还被普遍应用于海关对农林种子的检测检疫工作中。顾德法在科学上的贡献不是一张奖状能够涵盖的。

六

西非大国尼日利亚是非洲的人口大国，其农业资源甚为丰富，但包括水稻在内的农作物的单位面积产量极其低下，很难养活日益增长的人口。为了应对这一严峻的民生问题，尼日利亚政府诚邀中国农业专家到访考察，帮助他们制定水稻生产计划。其目的是改变落后的耕作方法，提高水稻的单位面积产量，以养活更多的人。

1973年2月，在支援亚非拉人民革命斗争、无私援助亚非拉人民的口号声中，顾德法作为水稻专家随农业部的考察队到尼日利亚进行农业考察。在一年多的时间里，顾德法与考察组的同志一起，克服重重困难，周详地考察了其雨林、草原、大沙漠，并向尼日利亚政府递交一份高质量的考察报告。报告说，就发展农业而言，尼日利亚中部、北部乃至东北部乍得湖畔是大有可为的。同时建议在依托依肯、东南州、卡瓦拉州各建一个水稻试验点，首先开发的是依托依肯，因为它在首都附近，便于工作的展开。1976年年初，为试办依托依肯水稻农场，顾德法再度飞赴尼日利亚，直至试种的第一批水稻抽穗扬花后，才因身体原因回国。水稻栽培的成功，促进了尼日利亚的农业发展和人民生活水平的提高，也增进了两国人民的友谊。

稻香何处不入梦。1994年春天，顾德法携带特种稻米，随黄菊市长率领的上海高科技展览分团，到德国汉堡参加展览。这是展会中的唯一一家农字号展位，将又香又糯的中国稻米摆上了世界餐桌，向世界展示了中国水稻科技的精彩。

顾德法把毕生的精力献给农业科技，取得了骄人的成果，实现了自己的人生价值，也为农业科技的发展指示了远大的前程。顾老师是了不起的。

顾德法的科研实践，再次印证了爱因斯坦那道著名的成功公式：A=X+Y+Z，即成功来自刻苦勤奋的劳动，来自正确严谨的方法和求真务实的作风。

相关链接:

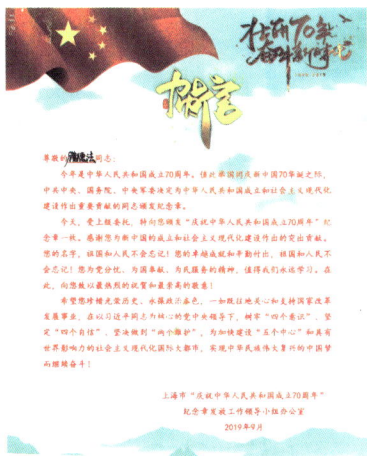

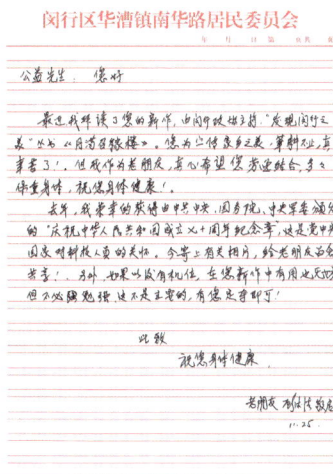

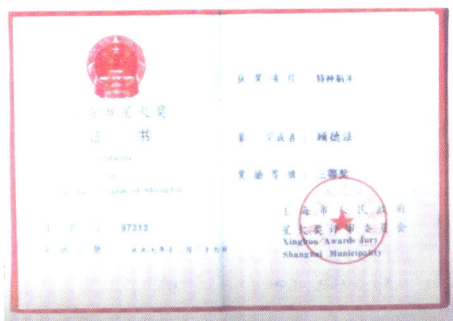

现代医学背后的人

一

大治河畔的鲁汇老街（今属浦江镇）上，开花米行的富商李家，到清末民初时，家道已经衰败，年老体弱的第二代继承人李景薇把中兴家业的希望寄托在儿子身上。然而，李公子却不以兴家为己任，不习商务，不理家政，唯嗜书如命。还时不时闹出点哭笑不得的事来——把借贷诊薪的钱款一半交给家里，一半用来买书。家人数落他，旁人讥笑他，他却置若罔闻，依然我行我素。这样，日积月累，有了三千多册文史医药图书。他，就是著名战地记者陆诒的表哥李融之。

李融之，原名李昌焕，生于1907年，自幼内向喜静，酷爱读书，尤好医籍。15岁拜师学医，对疑难杂症颇有心得。23岁时，又拜妇科名家蔡幼笙为师，进修妇科，且成专长。名重奉贤泰日、乡梓鲁汇和市区长治路一方。

上海沦陷后，李融之饱经沧桑，生活困苦，甚至到了"一堂三棺，寸土未觅，卜葬无期"的地步。但他决不屈膝于日伪的威胁利诱，"坚不挂牌行医"，仅以教授古文糊口。他的这种行为"无异于梅兰芳先生'留髭明志'之举，民族意识，爱国之心，昭昭然可见"！一介书生，一个儒医，这是多么的难能可贵。

二

1956年，上海卫生出版社成立，李融之以其深厚的古文功底、中医专长以及20世纪40年代与著名志史专家胡道静一起编写上海方志的资历，被调去负责组建中医编辑科并担任科长。1958年，上海卫生出版社并入上海科学技术出版社，李融之被聘为医科编辑室主任。任上，他以身作则，勤耕苦耘，注意发挥每位同仁的专业特长，注意发扬团队精神，将编辑室建设成为出成果、出人才的温暖集体。在他的主持下，不但"出书品种日益丰富，而且逐渐形成了上海中医图书出版特色"。

我国人民应用中药和针灸防治疾病已有数千年的历史，有着丰富的实践经验和理论知识。可惜没有一本可供人们查阅研究用的专业工具书。

人们的期盼，社会的需求，就是出版人士努力的目标。1958年，李融之拟定了接受江苏新医学院编写《中（草）药大辞典》的出版计划和由安徽医学院与上海中医学院合编的《针灸辞典》出版计划。从这一天开始，他历经二十年艰险困苦的跋涉，呕心沥血的劳作，才在1977年迎来《中药大辞典》《针灸辞典》出版的欣慰纪念。

《中药大辞典》真是皇皇巨著，共收载中药5767味。其中包括植物药4773味，动物药740味，矿物药82味，以及传统作为单味药使用的加工制成品（升药、神曲）等172味。动植物的主要品种都附有墨线图，可谓图文并茂，翔实可信。《中药大辞典》的出版，为临床、科研、教学、中西医结合，特别是创造我国统一的新医学和新药学，提供了较为完整系统的参考资料；也为药材的识别、栽种、采集、加工等提供了依据。

《针灸辞典》是一部系统、简明、实用、中西医结合、全面吸收了我国针灸医学最新成果的专业工具书，也是一部有着科研、医疗和教学功能的独特辞书。

《中药大辞典》《针灸辞典》出版后，受到了国内外医学界的重视和

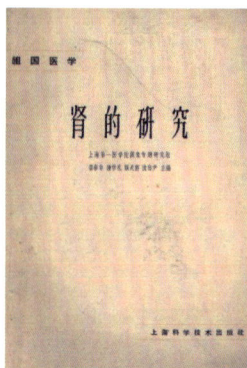

欢迎。是中医工具图书出版史上的开山之作，它为后来编辑出版"发掘与提高齐头并进"的辞书提供了范式。

中西医结合是世界医学各个门类中难度较高的一个分支。有着几十年中医道行的李融之，深知中西医结合的重要和艰巨，所以特别重视。当他得知有人在这方面进行临床与研究实验时，全程跟踪，大力支持，务使其临床经验与科研成果结文出版。

比如：学贯中西医的华山医院沈自尹医师运用中西医理论方法，找到了肾阳虚的物质基础（尿 17- 羟皮质类固醇 [17-OHCS] 含量低），从而制定了迄今仍为全国广泛采用和引用的"肾虚证的辨证标准"；还取得了肾阳虚病人可用复方补肾益寿中药来治病和延寿的实验效果。为把这一福祉尽快传送给社会，李融之于 1964 年力促沈自尹《肾的研究》一书的及时出版。此书后来在日本曾两度被译成日文出版。

"在疾病发展过程中，舌象的变化迅速而明显，能较为客观地反映病情，对八纲辨证，推测病情轻重、预后等，均有一定价值。"但中医深含哲理，对舌象的说论有点"玄"，这给临床治病带来一定的难度。为克服这一困难，陈泽霖、陈梅芳运用西医学的"解剖、组织、生理、生化、病理等知识，来解释祖国医学各类舌象的形成机制"并对每一种病理舌象提出几种临床辨证类型。这在中西医结合研究舌象和舌诊临床上有着重要的意义和作

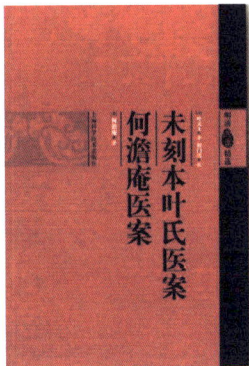

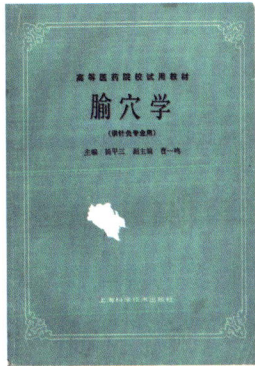

用。为广泛推广两陈的舌诊科研与临床成果，李融之又力促陈泽霖、陈梅芳出版了《舌诊研究》。

中西医结合成果的书籍出版，告诉人们，中医这一学术体系同西医一样具有科学性，纠正了歧视甚至否定中医的不良倾向，弘扬了中医的精华。

教材是培养专门人才和传授知识的重要工具，教材质量的高低会直接影响到人才的培养。为了提高教材质量，促进高等中医院校教育事业随着中医学的发展而不断前进，1964 年，国家卫生部将第二版中医教材的编辑出版任务下达给上海科学技术出版社。医科编辑室承接这项任务后，李融之不辞劳累，力主其事。从罗致写作人才，组织作者队伍，熟悉与掌握中医界各种最新临床和科研成果，充实稿源，到编辑出版等具体工作，他亲力亲为、尽职尽责。在他表率的作用，和全室同仁的共同努力下，他们出版的第二版教材质量上乘，出版后，甚得中医界的好评。"以至三版、四版、五版，及至近年的教材，卫生部均委托上海科学技术出版社"。更可贵的是，通过教材的出版，培养锻炼了人才，形成了一支素质优良的编辑队伍。这样的积极意义一直影响到现在，乃将更远。

1955 年，中医盼来了自己的春天。四所中医学院成立，西医学习中医、中医研究中医、中医师带徒弟等培训班，在全国遍地开花。中医书籍的需求量急剧上升。然而，1955 年前，受蔑视中医思潮的影响，"中医书籍多不再版"，而老版的中医书籍，数量有限、质量欠佳。这些，严重阻碍了中医事业的发展。

面对这样的尴尬，李融之到任后不久，便作出了智慧果断的决策：对浩如烟海的中医古籍进行认真的爬梳、整理，从中选择临床实用，教学急需，篇幅适中，读者急求者，先行校印。诸如金元四大家、明清医界巨擘名手的临证各科脉珍医案、医论、医话等各种各样的代表作，都有相当数量问世。从而在较短的时间内打破了尴尬，冲破了阻碍，为中医事业的发展提供了优良的服务，优质的条件，受到了社会各界的称赞。在此基础上，科技社逐渐形成了中医古籍以出版明清以来的专著为主的出版特色。

李融之有着严谨敏锐的特质，他始终前瞻地行进在出版家战略展望的前沿。针对不同层次读者的需要，负责出版了面向农村、基层、工矿、学校的通俗读物。比如《医学三字经》《汤头歌诀》等。对有研究或珍藏价值的古典医著，他组织力量，进行整合校点出版，以供学者研求。比如《何澹庵医案》《未刻本叶氏医案》等。他不仅注重名医专家、学者教授的新老著作出版，而且特别关注后生著作的出版，以此提携培养新人。当时的一些新作者，有的后来自成一家。比如沈自尹成了工程院院士，陈泽霖、陈梅芳成了专家。

以事业为尊。李融之在出版岗位上 25 年，如蜂采蜜、孜孜不怠，直至生命的最后一刻。25 年的心血，改变了中医的出版面貌，换来了中医的正面价值。李融之不愧为中医出版界的出色代表。

三

李融之医文俱佳，是位典型的儒医。1955 年，他利用行医之暇，编著出版了《中医的调理症》。"中西医汇通派"代表名医陆渊雷为其题写书名。是书为一部介绍中西医结合治疗四大疑难杂病（中风、虚痨、膨胀、关格）的通俗读物。作者用西医学理剖析说明病因、病灶，用中医病理方

法予以疗治，所以说，它更是一本实用的临床手册。是书的问世，对推动、探索中西医结合和弘扬中医文化有着积极的意义。《中医的调理症》篇幅不长，但每一个字都透着作者渊博的医学知识和远大的目光。李融之在书的自序中还谈到"下卷妇科，俟续成付印"。令人遗憾的是，并没能搜索到下卷的讯息，也没有看到一页遗稿，不知是何原因。

先生虽然一生前行在从医和出版的路上，但对文学的喜好和追求从未荠啬过。现在我们知道的遗稿就有三部：《归有光年谱》《吴敏树文选注》，以及柳亚子先生题辞的《涓涓集》。

时代在前进，医理医技在发展，人们战胜病魔的办法越来越多。今天，当你享受现代医学，治好疾病，愉快地走出医院时，请不要忘记，在现代医学的背后还站着一个人——李融之。

中国近现代漫画的鼻祖

在电视上看到机灵可爱的米老鼠时，我想到了幽默夸张的漫画，想到漫画，我就想到了乡先贤鲁少飞（1903—1995）——中国近现代著名漫画家。

鲁少飞的父亲鲁承荣是大治河畔鲁汇地区的民间画师，以画"神像画"为生。受父亲的影响，鲁少飞自幼喜好绘事，及长，在父亲教导下，学习民间画艺。但他并不以此为满足，不久考入上海美术专科学校学习西洋画。由于交不起学费，不得不停学。但人穷志不穷，经过努力，鲁少飞加入上海晨光美术会，继续进修绘画。1920年，鲁少飞到商务印书馆当绘图生。同年发表在《申报》上的《战神崇拜》《弄虚作假的艺术家》等讽刺画，拉开了鲁少飞漫画生涯的序幕。那年他只有17岁。

成立"漫画会"

1924年至1927年，一场以推翻帝国主义在华势力和北洋军阀统治为目标的大革命运动，似滚滚洪流席卷中华大地。青年鲁少飞怀着一腔热血，投笔从戎，在南京参加了国民革命军。在沸腾的日子里，鲁少飞昼夜奋笔，创作了《打倒列强》《打倒军阀》《打倒土豪劣绅》《解放妇女》等大型布画，在南京夫子庙前展出，得到了群众的热烈回响。画展产生了

宣传革命、唤起民众的极佳政治效应，在历史上印下了
灿烂的痕迹。这是鲁少飞第一次参加以漫画为武器的战
斗。然而，风云突变，1927年蒋介石发动"四一二"
政变，鲁少飞与他的同志黄文农、叶浅予、季小波都失
业了。战斗的洗礼，让他们认识了自己的使命和能力；
革命的失败，使他们在精神上陷入了深深的苦闷。不在
苦闷中死去，要在苦闷中奋起。鲁少飞决心在黑暗中上
下求索。他和丁悚、黄文农、张光宇、叶浅予等十一位有志于漫画事业的
新秀，于1927年秋季组成了"漫画会"——提倡漫画创作，从事漫画理论与
技巧的探讨，提高漫画艺术水准。漫画会是中国历史上第一个民间漫画团
体，它起到了承前启后继往开来的历史作用。

　　本着团结、带动、发现漫画人才的意愿，漫画会于1928年4月创办了
《上海漫画》周刊。鲁少飞是刊物的主要骨干，在繁忙工作中，他积极为
刊物作画撰稿，其中影响较大的有：政治讽刺画《战争，是现在世界上的
主要人物》，反映社会问题的《求差使》《潜移默化之儿童玩具》，嘲讽
小市民生活百态的四幅长篇滑稽画《大小图》，表现青年男女情趣被作为
封面的抒情画《迷惑的享受》，等等。这些作品，表明鲁少飞的漫画有着
鲜明的针砭时弊的主题思想，而且题材也比较多样。

　　除了办刊，漫画会还积极出版漫画会丛书。1927年5月，鲁少飞的
《北游漫画》作为实际上的"漫画会丛书"之一向社会推出。这是鲁少飞"第
一次贡献给读者的绘画出版品"。这是一部在速写、素描中融入了漫画笔
法，从而使画面充满了生气的漫画集。漫画集收入了鲁少飞参加国民革
命军北上时，一路所作的39幅速写。画集扉页上一幅名为《奋斗》的漫
画，刻画了一个大无畏的青年与恶魔毒蛇般的"嫖赌烟酒"搏斗的形象，具
有强烈的教育寓意。这部画集和黄文农的《初一之画集》被漫画史家称为
漫画会同志"共同研究的成绩"，有着使中国社会开始普遍地了解漫画意义

的作用，是中国漫画史上的重大收获。

鲁少飞以及他的同仁们"对中国近现代漫画所起到的开拓和奠基作用是不能忽视的"。

开办漫画函授班

1927 年后，白色恐怖笼罩中国大地，漫画发展深受影响。培养新生力量以推动漫画事业向前发展，成了漫画界有识之士的共识。于是，《时代画报》在 1930 年 7 月设立了漫画函授部，鲁少飞主持其事。1930 年秋季，鲁少飞在只有十四平方米的画报编辑室里挤出一角，开办了漫画函授班，学员达五十多人。鲁少飞的办班宗旨非常明确，在"强敌如刀锋"的形势下，使"漫画创作为社会及国家效劳"，所以他特别认真。为使学生听得懂、学得会，他亲自编写了两种教材。一种全是文字的讲义，重在教授知识和理论；一种全是漫画的讲义，重在让学生观摩和临画。上课时，鲁少飞边讲边画，一丝不苟。对学员的作业，他一本一本地仔细审阅批改，对不合格的作业，退回一画再画，直到满分为止。函授班作为中国第一个漫画训练班而载入漫画史册的光辉和它对中国漫画教育的启示作用，是永恒的。

开创长篇连环漫画先河

1928 年，鲁少飞在《申报》发表长篇滑稽连环画《改造博士》，每天一组，每组四幅。继后又创作了《陶哥儿》《毛郎艳史》《大小团》等。

这四套连环漫画，表现了当时社会生活中的一些真实现象，间或也传播了一点科学常识，但总而观之，旨在逗笑，迎合小市民的生活趣味，缺少积极意义。由于鲁少飞不愿按照报纸编者的意图行事，所以这些画作刊登时间都比较短暂，故其社会影响并不是很大，这是我们不能苛求于前人的。但鲁少飞的首创精神和画作的首创意义倒是深远的，是应当肯定的。

主编《时代漫画》

20 世纪 30 年代是民族矛盾和阶级矛盾极其尖锐的年代，也是杂文和漫画空前繁荣的时代。在争奇斗妍的众多刊物中，中国唯一首创讽刺和幽默画刊——鲁少飞主编的《时代漫画》，脱颖而出。

1934 年 1 月，《时代漫画》创刊之日，正是日本帝国主义妄图吞食中国之时。面对穷凶极恶的日本强盗，鲁少飞在创刊号的"编者补白"里表达了他的办刊用心：这一期封面，是一个文房四宝组成的骑士图案，以后用作刊物的标识，表明"威武不屈"的意思。《时代漫画》是威武不屈的战士，漫画是它掷向敌人的投枪。鲁少飞的《不自然的调整》《鱼，我所欲也》，华君武的《邻国相望，鸡犬之声相闻》，黄文农的《呕吐狼藉》等漫画，戳穿了日寇所谓"建立大东亚共荣圈"的鬼把戏，帮助民众擦亮了眼睛。面对消极抗日的国民党当局，《时代漫画》则予以无情的揭露与有力的鞭挞。如王敦庆的《无冕之王塞拉西来华访友》，就将蒋介石和冯玉祥合影中的蒋介石的头剪贴换成阿比西尼亚皇帝塞拉西一世的。塞拉西当时是著名的抵抗意大利侵略的英雄人物。漫画借此辛辣地讽刺了蒋介石。鲁少飞创作的《晏子乎？》作为第廿六期彩色封面刊出。漫画尖锐地刺讽了国民党当局的消极抗战和在侵略者面前妥协屈膝的外交政策。日本驻华使节因之提出抗议。国民党当局则对此画和王敦庆的剪贴画以"危害民国""妨碍邦交""污蔑政府""侮辱领袖"之罪起诉出版社，勒令《时代漫画》停刊、罚款，并拘押鲁少飞。

《时代漫画》停了，但战斗不能停。鲁少飞与同仁们来了个换汤不换药的巧妙手法，将《时代漫画》改名为《漫画界》，继续为抗日救国鼓吹呐喊，并取得了很大的胜利。因此有漫画史家说，《时代漫画》是漫坛的抗战大本营。

鲁少飞是位求真务实的艺术家，他始终将"爱国政治与漫画艺术"的编辑观融化在实际工作中，即选稿无派别门户之见，无成名与无名作家之别，悉以来稿本身的价值为编辑上舍取的条件，对边远省份则投以更加关注的目光。同时，经常刊登欧美及日本的进步漫画作品、论文和国外的漫画动态，使中国的漫画和世界漫画潮流一直同步前进。不仅如此，鲁少飞还直接与青年作者通信，帮助他们成长。蒋连根在一篇文章中说：1933年，华君武在上海大同大学附中上学时，开始给《时代漫画》投稿，"鲁少飞点拨他的创作"；1934年，米谷在上海美专求学时，他画的第一幅漫画《夜上海》在《时代漫画》刊登后，"鲁少飞常常给他写信，帮助他提高漫画技巧"。在鲁少飞的悉心呵护下，《时代漫画》成了漫坛的大学校，在三年内造就了一支德艺双美的骨干队伍。像华君武、米谷一样，当时初出茅庐的业余作者如丁聪、廖冰兄、张文元、陶谋基、特伟、余所亚、黄茅、胡考、汪子美、黄苗子、张乐平、张仃、王乐天等人，都是在鲁少飞的点拨下从《时代漫画》走出来的著名漫画家。这批骨干为后来展开抗日救国漫画战以及中国漫画事业的发展发挥了巨大的作用。这在当时众多的漫画刊物中是绝无仅有的。鲁少飞被人们赞誉为漫画战的组织者，漫坛的伯乐。

《时代漫画》不仅在内地，而且在南洋、港澳一带都有很大影响。它标志中国漫画的鼎盛和漫画武器的锐利。它在中国漫画史上有着举足轻重的地位。有人说，如果没有《时代漫画》，没有主编鲁少飞，"中国30年代后的漫画史将会是另一个写法"。

举办漫画展

向以内敛刚毅闻名的鲁少飞，从关押所出来不久，即与叶浅予、丰子恺等三十一位同仁发起筹备全国性的漫画展，他要用新的形式与敌人开展韧性的搏斗。经过几个月的筹划，1936年11月，漫画展在上海大新公司（即今上海市第一百货商店所在地）四楼举行。三个星期的展览，观众自朝至暮，络绎不绝，引起了强烈的反响。展出的大部分作品，以抗战爆发前夕中华民族危难深重的政治形势为背景，揭露了日寇的狼子野心，反映了中国人民强烈的反帝爱国的正义要求，为"七七事变"后，迅速动员漫画界人士投入战斗，起到了组织上思想上的准备作用。会展中有不少作品反映了社会现实生活，暴露了国民党统治下的社会黑暗与腐朽。这次展览是漫画界的一次大检阅，也是全国性的第一次大型漫画展，意义十分重大。

在鲁少飞和王敦庆等同仁的策划下，展会还利用《漫画界》出版的机会，专门出了展会纪念专号，从各个方面报道和介绍了展览，为中国漫画史留下了珍贵的史料，也为后来的抗战漫画展积累了经验。

会展期间乃至其后，漫画界多次对这次规模盛大的展事集中力量进行评估。王敦庆、黄尧、曹涵美等许多漫画家就漫展作品的评选标准作了分析，对具体作品进行了评论。鲁少飞发表的《漫画展的意义》则对漫画与时代、国家和社会政治的关系进行了较深入的探讨。他们的探索将漫画理论研究推上了一个新的制高点。

更令人高兴的是，漫画展的成功，催生了由鲁少飞等著名漫画家发起组织的中华全国漫画作家协会（1937年春天成立）。协会的宗旨，即使在今天看来，还有着很高的继承价值——"团结全体漫画家，共同推进漫画艺术，使漫画代为社会教育工具"。

展会的举办，理论的探索，中华漫协的成立，都与鲁少飞的名字连在一起，鲁少飞的智慧和功绩永载漫画史册。

发行《救亡漫画》

1937年"八一三"淞沪会战爆发。国难当头。上海的漫画家在鲁少飞等召集下，迅速成立了以中华全国漫画协会为母体的上海漫画界救亡协会（以下简称"漫救会"），鲁少飞被推举为负责人。为使漫画直接为抗战服务，鲁少飞和王敦庆等于1937年9月创办了《救亡漫画》五日刊，鲁少飞负责发行。在沦陷的上海，办刊之不易，发行之困难，可想而知。身为漫救会负责人的鲁少飞，视民族命运胜过自己的性命。他不怕日寇的刺刀炸弹，高擎《救亡漫画》这把利剑向日寇冲了过去。这份在全国抗战爆发时率先创办的漫画读物，不仅在上海发行，还增印广州、南京、汉口、香港等版；不仅在农村、街头、弄堂、学校、难民收容所的墙壁上张贴，而且还送往抗日前线慰劳抗日将士。《救亡漫画》每期印数突破两万份，成了抗战初期团结全国漫画家从事抗日宣传的重要阵地，有力地配合了全民抗战。

《救亡漫画》上的作品，以极大的激情歌颂了全民的抗战，揭露了日寇的暴行、汉奸的无耻，指出了人民必胜日寇必败的结果。所以有人赞誉它是"抗战以来国内的唯一兴奋剂，文艺界抗日救亡中最强的一环"。

作为漫救会的负责人、《救亡漫画》的发行者，鲁少飞于1937年11月10日在上海交通部电台作了题为"抗战与漫画"的告别演讲。他慷慨激昂地对漫画家们说："当前的最大任务，要唤起我们有无限力量的民众，使他们坚决地认识此番全面抗战的意义……"在白色恐怖笼罩的孤岛上海，鲁少飞敢这样大声疾呼，可见他是位何等的漫画家！

负责全漫协战时工委工作

为团结更多的漫画人士投身抗日，为扩展漫画界的抗日阵地，在《救亡漫画》办得如火如荼时，鲁少飞又和王敦庆、张光宇等会员商量筹办出版《漫画导报》。后因战事急转直下，刊物流产。之后，鲁少飞紧急与叶浅予等磋商，在短时间内成立了漫画宣传队，并迅即派员奔赴外地继续进行漫画战。

叶浅予带领的第一队（第二、第三队因工作方针改变而流产）拿了鲁少飞的介绍信去了镇江、南京、武汉、重庆……在日机的狂轰滥炸中，宣传队一路画画，一路宣传。在"九一八"纪念日，他们还在战地举办了"抗日漫画展"，凸显了漫画家爱国抗日的勇气和精神。

为适应全民抗战的需要，1937年10月，中华全国漫协会在汉口成立了全国漫画作家战时工作委员会（以下简称"漫战会"）。此时，还在上海坚持斗争的鲁少飞缺席当选负责人。正在武汉的漫画宣传队，在漫战会的指导下，在叶浅予、张乐平等漫画家的共同努力下，于1938年1月出版了《抗战漫画》，以替代被迫停刊了的《救亡漫画》。远在广州、香港、新疆等地进行"漫画战"的鲁少飞以极大的热忱关心支持《抗日漫画》，经常为它作画撰文。我们从《抗战漫画》第五期上刊登的鲁少飞寄自广州的信中，可以看出一位爱国漫画家滚烫的心："我漫画同人在此抗战期中，肯下决心为国出力，即以目前论，大的成绩不敢说，一部分的贡献，是具小规模了。此时不振作有为，讲得过火些，就是汉奸行动……我的心情和血流里欲把整个漫画运动打成一片，我决心和这个大时代共浮沉。"——漫画里的历史，同样悲壮，催人奋进。

主编《国家总动员画报》和漫画特刊

形势的变化，斗争的需要，鲁少飞于1937年底撤离上海到了广州。1938年3月，鲁少飞主编的广东省军训处的《国家总动员画报》创刊——鲁少飞用心血又锻造了一把跟日本鬼子进行漫画战的匕首。

《国家总动员画报》是一份官办的以士兵和壮丁为对象的漫画三日刊。鲁少飞办刊的目的非常明确，即"动员一切力量，唤起民众，动员民众"进行全民抗战。因此，他不光关注重点对象，也关注工农商妇童在生产、生活和斗争中的作用和意义。画报不仅刊登歌颂士兵英勇杀敌，壮丁踊跃参军的感人事迹，也登载颂扬人民大众参战、援战、斗汉奸的动人故事；还发表宣传全国动员、全民抗战的漫画以及揭露日寇和德、意法西斯侵略罪行的连环漫画。《国家总动员画报》成了广东人民与日寇进行斗争的有力武器。

除主编画报外，鲁少飞还花很大精力专门编辑出版了《抗战连环漫画集》，使漫画的战斗作用、鼓舞作用、宣传作用在抗战的炮声中迸发出美丽的火花。

1939年广州沦陷，鲁少飞和一批文艺界人士退居香港。生命不息，战斗不止。在香港，鲁少飞和张光宇、丁聪、特伟、余所亚、黄苗子、张谔以及内地、香港的漫画作家一起，继续开展漫画抗战。使本来不太活跃的香港漫画活动蓬勃发展起来，香港由是成了抗战时期华南地区的一个漫画中心。

香港被日寇占领后，鲁少飞转辗到了新疆，为《新疆日报》主编彩色漫画纪念特刊，并用三种以上的文字加以解说。鲁少飞等漫画家在新疆的漫画战，起到了战斗的作用，又推动了新疆漫画艺术的发展。鲁少飞在这一时期创作的漫画组画《洋婆子的生活》为中国美术馆所收藏。由于鲁少飞在新疆坚持他的漫画抗战，被军阀盛世才软禁。获释后，他到重庆举办"新疆风俗画展"，以漫画的笔法展现了新疆的风土人情，使内地观众耳目一新。

抗战胜利后，鲁少飞回到上海。然而短暂的兴奋之后，国家又陷入了全面内战的险境。有着强烈爱国之心的鲁少飞不愿看到人民大众再受战争的痛苦，勇敢地投入了反独裁、反饥饿、反内战的漫画之战。他运用自己熟练的漫画独有的象征、隐喻等手法对国民党"假和谈，真内战"的欺骗手法进行了淋漓尽致的嘲讽、批判和揭露。当北平发生美国大兵强奸女学生事件时，鲁少飞怀着无比愤慨的心情作画撰文，严厉谴责美国佬的丑恶行径，坚决要求美国佬滚出中国去。一个漫画家的正义感爱国心让人肃然起敬。

人们念念不忘的漫画家

1949 年 10 月，中华人民共和国成立。鲁少飞应召赴京担任人民美术出版社美术编辑组组长，为谱写新中国的漫画史尽责尽职。他先后编辑出版了多部中外画集。其中《华君武漫画集》《米谷漫画集》《埃及现代美术作品选集》备受同行推崇。

鲁少飞倾心漫画，不求闻达，所以社会对他的事迹知之甚少。但历史是公正的，也对忘我的人特别厚爱。1993 年，鲁少飞九十大寿时，被授予了"中国漫画金猴奖"。这是对他为中国漫画事业做出杰出贡献的肯定。

著名文化人施蛰存说："鲁少飞是我念念不忘的画家，这个人是 30 年代上海第一流的画家，在当年《时代漫画》这批画家中，我最为欣赏的就

是他。"鲁少飞的漫画，造型严整，笔法流畅，用笔活泼富有抒情意味。他的许多漫画见解，至今仍有借鉴价值。比如，漫画要重精神，重道德，重人情，还要重艺术技巧与形式；漫画家要凭自己的良心去赞美、讽刺或诅咒现实社会的不良现象，并视为自己对社会应有的奉献；人们在工作疲劳后，精神苦闷时，需要得到慰藉，而引人发笑的漫画就是圣药；漫画要起到抚慰大众，唤醒大众，同情大众，更要有替大众诉委屈，促成社会帮助大众的作用；漫画不徒是使人看了发生快感，并且要显出很大的力量。鲁少飞的漫画风格和漫画见解，影响和熏陶了一代又一代的漫画作家。

鲁少飞，这位让人们念念不忘的漫画家，"在他太太过世后，不吃不喝，没多久也跟着下世了"。——他以独特的追求方式画下的真爱、大爱、挚爱、让当代一些时髦之辈深感汗颜。

鲁少飞，中国近现代漫画的鼻祖，漫坛的伯乐、大主编走了。但他对中国漫画的发展所作出的贡献，永远辉煌。

清泉汩汩琵琶情
——浦东琵琶大师倪清泉

倪清泉（1869—1928），出生于今浦江镇大治河畔的鲁汇小商之家，又名倪寅。年幼时曾给当地乡绅当过书童。后拜当地名医学习中医，不几年，就成了地方上的著名外科医生。行医之余，又拜师习武，刀枪棍棒样样舞弄得有板有眼，琴棋书画竟无师自通，连民间踏高跷也要玩得让人眼花缭乱，并且创办了鲁汇高跷队。

诊疗空当，勤学琵琶

倪清泉天赋聪敏，爱好广泛，抓住诊疗空当，又赶到横沔拜浦东琵琶宗师陈子敬学习琵琶艺术。

浦东琵琶肇始于清代乾嘉年间，相传南汇县惠南镇人鞠士林和族兄鞠克家为鼻祖。鞠士林人称"鞠琵琶""琵琶圣手"，后传其侄子鞠茂堂。茂堂弟子中，陈子敬最是突出，创造了琵琶仿奏锣鼓的演奏技艺，后被上海半淞园特聘为擂主，由此声名大震。清廷醇亲王得知陈子敬的技艺后，聘他到王府教授琵琶，并赐予三品冠带。陈子敬离京回沪时，醇亲王赐予他"天下第一琵琶"封号。名师出高徒，在先生的悉心教授下，在学生的刻苦努力下，倪清泉从陈先生那里学到了浦东派琵琶演奏技巧的真功夫。满师后他常被市中心的楼外楼等著名娱乐场所邀去演奏琵琶。

教授生徒，重写谱牒

在倪清泉的艺术生涯中，一件鲜为人知的事值得一说。一次，倪清泉在上海楼外楼演出时，一部凝聚了早期浦东派琵琶结晶的《琵琶谱》被人偷了去。面对这揪心之事，他不责怪偷窃者，也不陷于自责的泥潭，而是以坚韧的毅力，用口授的方法把《琵琶谱》传授给了学生沈浩初。有记载说，每次口授前，先生先在心里记好谱子，然后当面教授，有时一面回忆乐谱，一面教授；有时甚至要几天几夜在家里边弹奏边回忆，或边回忆边弹奏，直到自己"满意"才教给沈浩初。在这样的境况下，他竟然把边教边写的临时教材整理成一本完好的琵琶谱，而且还把自己的特色演奏技巧，把对音调、音色、音量特殊表达的艺技心得，用暗语、行话写入谱里，这对浦东派琵琶演奏技艺的传承提升起到了关键性的作用。这本琵琶谱没有刊印过，只在浦东派内部有传抄本。我是从沈浩初的得意门生林石城先生的文章中得知这一信息的。优等生沈浩初也不忘恩师的辛苦培养，硬是用工尺谱记下了倪先生教授的每一个音符，特别是那些天书般的暗码、行话。因为这些特殊语言没有先生的亲炙是无法知晓的。后来沈浩初把这些外人不知所云的文字记入了他的《养正轩琵琶谱》。

上海华商纱布交易所的经理汪昱庭特爱琵琶，想拜倪清泉为师，清泉知道后，二话不说收他为徒，倾心教授。同时，他鼓励汪昱庭向各派学习，兼收并蓄，博取众长。在各派名师的指导下，汪昱庭将各派之长与自己的特长融汇成一体，最终创立了有都市风味、海派特质的汪派琵琶——上海派琵琶。汪昱庭的成功，琵琶上海派的形成，也有倪清泉的一份功劳。

自制琵琶，套种分类

在长期的演奏实践和不断的探索中，倪清泉感觉到琵琶的大小、长短跟音调、音色、音量之间有着很大的关系，对声音的传播表达也有着很大的关联。现有的琵琶不分大小，很难精准表达曲目主题、内容、情节，于是倪清泉大胆地循序地开始了试验，自制了大、中、小号三种琵琶。

"武套"是叙事体，着重状物，以绘影绘声、有起有结的手法叙演故事，所以弹奏时，要营造雄壮有力，气势磅礴，画面强烈的音质，让听者仿佛身临其境。为达到这样的演奏效果，倪清泉制作了比一般琵琶稍大点、稍长点的大号琵琶。

"文套"是言情体，着重写意。要求用抒情手法对乐曲主题、情节、内容作生动、深刻的描绘，并突出其旋律。根据文套的这种特色，倪清泉制作了小号琵琶，从而使琵琶的音韵能栩栩如生地表达故事，让听众欲罢不能。

"大套"（亦称大曲）的演奏，按照故事主题、情节、内容的需要，有时用武套，有时用文套。也就是说，随剧情变化而武文交替。为此，倪清泉制作了中号琵琶。中号，总体上说适用于调动宁静而古朴的氛围，即使用武套的地方，音色、音调、音量也较为温暖柔和些。

倪清泉对琵琶的改造，为琵琶浦东派的套种分类和其"派"的形成作出了不可磨灭的贡献。更值得一书的是，倪清泉无私地将琵琶改制的成果奉献给农民群众。五四运动后，他和学生徐大章组建鲁汇国乐队，免费为婚庆之家演奏以琵琶为主乐器的江南丝竹，那抒情优美、热烈欢快的琵琶主旋律音乐，受到了农民群众的极大欢迎。奉贤、南汇、川沙等地民众纷纷赶到鲁汇盛邀乐队为婚庆仪式助兴添彩，人们以能请到鲁汇国乐队为荣。一时际，鲁汇国乐队誉满浦东。缘此，鲁汇国乐队被载入了《上海音乐志》。

倪先生临终前，仍念念不忘他的琵琶，他叮嘱后代：小号随棺陪葬，大号立即火焚，中号留给奉贤的学生李财余。

文武全才，擅长独奏

倪清泉和他的前辈对琵琶文化有着自己的独到见解。他们认为，要使琵琶的每一个音符都能起到表情达意的作用，必须对琵琶演奏的指法和技巧进行大胆的改良、创新。经过长期的反复的实践，倪清泉也渐渐形成了自己的一套演奏指法和技巧，有些至关重要的则用"暗语"和"行话"加以说明。如"小开门"，指右手弹琵琶的动作，只许关节动，手腕基本不动，连扫弦也不能甩大臂。又如"持琴"指的是弹奏时琵琶要夹在两腿中间，面板要面对观众，并跟演奏者成45°夹角。当然这要经过长期的指法练习才能达到，面板随功力的增长而自然而然地移至左腿上，并达到稳定于左腿的一个支点上演奏。有这等功夫，弹武套就会雄奇豪放、铿锵有力、跌宕起伏；弹文套，就有抒情细腻、流畅柔美的感觉。

这无人可及的指法和技巧的内涵特征，在倪清泉自制的大号琵琶和一个人独奏的音符中得到了完美的阐释。现在，我们来看看他的绝活绝技。

《海青拿天鹅》（武套）又名《平沙落雁》，此曲元代后传至南方，经过倪清泉和他的老师、学生等高手的改造、完善，最终成了浦东派的著名武套，是倪清泉的拿手戏，每次演奏的必弹之曲。倪清泉用音符演绎了海青（猎鸟）出猎、搜羽、舞爪、回旋、寻觅及捕捉天鹅、搏斗天鹅的全过程。在最激烈的"搏斗"一段中，倪清泉用最难的"并四弦指法"和"滚四弦以及弦数的变化"等弹奏方法，把海青与天鹅在空中搏斗时，海青紧抓不放，天鹅拼命挣扎时的不同鸣叫声——海青的吼叫声，天鹅的悲唳声掺杂在一起，声震云霄，扣人心弦。"九楹厅堂，满堂鹤声！"

《夕阳箫鼓》（文套）中，倪清泉用中老弦为鼓声，用子弦为箫声，用拨子挑缠之搭为橹声，给听众描摹了一幅活灵活现的游乐图——朔日傍晚，落日的余晖照红了山的西边，有好些人在山上赏景啸歌，有些人在山麓采花啸歌，有些人在船中、船头吹箫、打鼓、啸歌。天边天，月牙月，水天相映；风送声，山阻风，声随风回。夕阳箫鼓几人回，一堂听众皆醉矣！

倪清泉是琵琶浦东派成"派"的重要奠基人，是琵琶改制的第一人，是武套琵琶独奏的第一人。他是武、文、大三套都能精湛演奏的全才，是琵琶浦东派指法技艺的继承者、创新者。

　　清泉汩汩琵琶情，琵琶声声清泉流。倪清泉的琵琶声和大治河的浪涛声永远是浦江人心中最美的音符。

杰出的战地记者陆诒

陆诒（1911—1997），大治河畔的鲁汇人。他是中国新闻记者学会的主要发起人，也是我国现代新闻史上最杰出的新闻工作者之一。他为建设和发展我国现代新闻事业做出了人所莫及的功绩。

1932 年 1 月 28 日，陆诒在淞沪抗战的炮声中，踏上了记者征程。初上战场，他的勇敢和报道震动沪上。

抗战的十多年间，他经历了"一·二八"淞沪抗战、承德战役、卢沟桥事变、"八一三"淞沪会战、太原之战、台儿庄大捷、徐州会战以及武汉防御战等重要战役。采访了李宗仁、冯玉祥、蔡廷锴、孙立人、戴安澜等抗日将领。他不畏艰险，深入敌后抗日根据地，采访了毛泽东、周恩来、朱德、彭德怀、贺龙、邓小平、刘伯承等中国共产党的领导人，以及八路军的众多高级将领。可以说，他是抗战时期采访中共领导人和国共前线指挥官最多、最早的记者。

抗战的十多年间，他以如椽大笔，颂扬抗日军民勇猛杀敌的气概，讴歌中国人民的爱国精神；鞭笞汤玉麟、蒋作宾之流的民族败类，挞伐日寇的凶残侵略，其理正，其文直，战地记者的盛名大著于时。

党的十一届三中全会后，陆诒虽年迈体弱，但老骥伏枥，为编辑文史资料和撰写回忆录，焚膏继晷，勤奋笔耕。

为祖国、为人民、为新闻事业，陆诒赤胆忠心，无私奉献，永远值得我们学习崇敬怀念。

一

陆诒

1931年9月18日夜半，日寇炸毁了距沈阳城很近的一段"南满铁路"，却反诬中国军队所为，并向驻扎在这一地区的东北军北大营发动攻击。19日凌晨，日军占领北大营，六点半占领了沈阳城。由于国民党政府坚持"攘外必先安内"方针，致使日军在四个半月后，全部占领了我国东北三省。这使其后来向内扩大侵略战争有了基地。

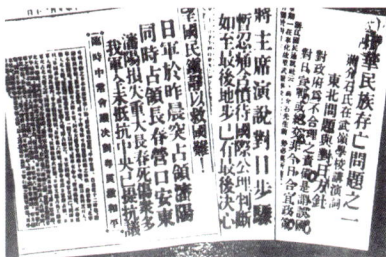

日军侵占东三省，受到了东北民众的自发抵抗。中国共产党先后发表了《为日本帝国主义强暴占领东三省事件宣言》等多篇文告，号召全国人民打倒日本帝国主义。

"九一八"事变后，在我党领导下，一个群众性的抗日救亡运动在全国城乡蓬勃兴起，并迅速形成高潮。作为全国抗日救亡运动先锋的青年学生纷纷发表通电，举行游行示威，要求国民党政府停止内战，出兵抗日。在扛着抗日大旗，高呼抗日口号的游行队伍中，人们看见了陆诒高高举起的拳头。

正在此时，陆诒由民治新闻学院院长顾执中推荐，进入上海《新闻报》工作，开始了自己的记者生涯。

1932年，"一·二八"淞沪事变爆发。21岁的陆诒不要报社为他办理人身保险，带了两只信鸽就奔向闸北前线采访。路上突遭日机低空扫射，他跳下汽车，只身冲进战场。

闸北炮声

一九三二年一月二十八日爆发了淞沪抗战。晚上，我住在《新闻报》馆边三楼宿舍，半夜里从睡梦中惊醒，隔壁采访科里电话铃声不断，人声嘈杂，一打听，原来驻闸北的中国军队同东洋兵打起来了！整个编辑部为此繁忙起来，大部分人激昂慷慨，"九·一八"以来足够忍气，今天，中国军队终于起来抵抗侵略了，为民德的扬眉吐气，也有少数人心惊胆战。认为打起这来，就不能够过太平日子了，我随即多方一起调五万块钱逃走，赖可从闸北搬到南市一片枪炮声，大家叹一句，叹一声，连连谈论，推测打什么地方，炸在之处，隔于百言。

一月二十九日上午，闸北的伦敦子弹更加震响。炎机轰空，进行怠慢，宝山路上的东方图书馆和商务印书馆被炸燃烧，照临着空，大量的纸浆和灰烬随风吹送正因弱。民族抗战义愤怒着的熊熊燃在我胸中燃烧，这时当务之急，莫如派记者到闸北战地去作现场采访了，我主动去找某访问国土的地点烧入海。表示愿意去闸北前线采访，不怕敌人炮亡。他欲热烈起来。我完颜某亲自工赔侃护警告司令部的牛组…

初访蔡廷锴

第二天，三十日上午，我到前线蔡加司十九路军军部，当时军部警设在直如东南郊的一座名为"乱正"的住宅，门口隔着一名战士站岗哨。别无旗帜风气概，引入进行。它是许多关键军态繁衍的，昨天，雨落纷飞，还有尘没破，敌机以为我们打算有反射轰。现救在一千米时以下在低空但射者亲肇劲夺，军部卫兵连即分头得救，即参组建大力封闭防空射击。一座子孙弹给在空中飞机的油箱，立即引起火大燃烧，落到地上，人机俱毁。

回了军部。我要到七十八师帮着帮各的热情接待，他是广东商人，谈吐不同，他谈十九路军打战及反对侵略的义愤，声言上海的全国人民的支持，他认为，军队只有靠了民众的努力才能支援国策，取得最后胜利，务容他个别救在受于九路军军长接近待才。

恰将军在九点，树子庆头，一张晒得黑黝黝的广东农民的脸，一套要纲军服，腰上也出式不帮，并非不帮他油漆，他正在与十八师师长交有在谈着新的诸路。我同十九路军的这次同小屋，这是一个陈旧的简陋小屋，墙上挂着军用地图，一张行军床铺在一角，另外，就是一张普通遏迫的桌椅就凳，嗯试这…

新闻报特派热河战地记者
陆诒

热河失陷目击记

附关于热河参考资料

中外出版公司印行

陆诒第一个碰到的是位男护士，问他什么时候到军队的？他说："昨夜枪一响，我就到北站来自动投军，做我应该做的工作。"问他姓名、住址，他笑而不答。在抗战枪声的号召下，群众中自愿参战的无名英雄真是很多。

在19路军前线指挥部，陆诒采访了蔡廷锴将军。将军说：28日晚上11时30分，日军海军陆战队借口保护侨民，对我军突然进攻。我立即命令驻守闸北的张君嵩团长迎击来侵之敌，决不退却。同时通电海内外，庄严声明：我等军人，唯知正当防卫，捍卫守土，是其天职，尺地寸草不能放弃。这次，我们一定要打出中国人的威风来，为中华民族争人格！2月7日，陆诒再次到前线访问蔡廷锴。在采访报道中，他原原本本地记述了19路军官兵浴血奋战，多次击退日寇妄图从吴淞、宝山登陆的企图，使国人真切地了解了中国军人的抗日斗志。

2月20日下午，在宝山刘行镇，陆诒采访张治中将军。两人谈话之际，来了宋希濂旅长。张将军说，他和19路军张炎旅长协同作战，击退了进攻庙行的日军。接着，张将军告诉陆诒，5军从南京出发前，大部分师、旅级将官都立下遗嘱，表示但求马革裹尸，不愿忍辱偷生。如不幸牺牲，希望能以热血头颅唤起全民抗战，前仆后继，保卫我神圣领土。淞沪抗战持续了一个多月，陆诒冒着危险，采访了全过程，写出了光辉篇章，鼓舞了全国人民。

1933年，日寇大举进犯热河。报社派陆诒去承德采访。时值大雪纷飞，天气奇寒。他被疾驰的卡车摔了下来，掉进二尺多深的山沟雪坑。没有了汽车，他徒步前进，并以最快的速度赶到前线采访。在《热河失陷目击记》中，陆诒记录了牵驴夫的哀怨诉说：热河自汤玉麟主政以来，百姓经他几年来穷凶极恶的搜刮，都像骨瘦如柴的活尸。去年有几个村的民众因反抗汤强种鸦片的政策，拒缴每亩十六元的苛捐，而被汤的军队驱赶到河里自尽，有的便死在机枪的扫射下。汤对军队素不发饷，所以，军队以持劫民物勒索民众为生。平常我们见了这些凶狠的"老总"特别畏惧。

接着，陆诒记述说：自日军侵热以来，汤仍是每天在承德，逍遥于吞云吐雾及姨太太们的脂粉堆中，从未到前敌去视察一次。

当日军兵临承德时，汤玉麟为保全私人的生命财产携带姨太太们坐车逃之夭夭，致使一百多个日本兵不放一枪就占领了承德。

为了遮盖丑恶行径，汤对陆诒进行监视和软禁，但真相是掩盖不住的，陆诒用尖利文字将汤玉麟牢牢地钉在了历史的耻辱柱上。

1935年，北平爆发"一二·九"运动后，陆诒于1936年5月，在上海一个预约好的场所，拜访了病重的鲁迅先生。陆诒请鲁迅谈了"一二·九"以来全国学生救亡运动的看法。鲁迅说：从学生自发的救亡运动，在全国各处兴起澎湃的浪潮这一现实中，的确可以看出，随着帝国主义者加紧的进攻，汉奸政权加速的出卖民族，出卖国土，民族危机的深重，中华民族中大多数不愿做奴隶的人们，已经醒觉地奋起，挥舞着万众的铁拳，来摧毁敌人所给予我们这半殖民地的枷锁了！

学生，特别是半殖民地的学生，是民族解放斗争中感觉最敏锐的前哨战士，由此他们所自发的救亡运动，不难影响到全国，甚至影响到目前正徘徊于黑暗和光明交叉点的全世界。

这次的学生运动比较以前进步得多，这是一个可喜的现象！但缺憾和错误，自然还是有的。希望他们在今后血的斗争过程中，艰苦地克服下去。同时，要保障过去的胜利，也只有再进一步地斗争下去，在斗争的过程中，才可以充实自己的力量，学习一切有效的战术。

而后，鲁迅还回答了陆诒提出的"联合战线"的问题、"文学与抗战"的问题。谈话持续了半个多小时。

"一二·九"运动掀起了全国抗日救亡高潮。上海文化界人士马相伯、沈钧儒、邹韬奋、恽逸群等近三百人签名发表爱国抗日宣言并成立上海文化界救国会，这是上海首个救国团体。陆诒参加了签名和文化界救国会。

1936 年 4 月，上海文化界救国会、妇女界救国会、职业界救国会、国难教育社和大学教授联合会等五个救国团体一起酝酿创办一个秘密刊物——《救亡情报》，陆诒为编委之一。

1936 年 10 月 19 日，鲁迅先生逝世。陆诒于当月 22 日下午参加送葬的全过程，回去后写了篇题为《从万国殡仪馆到万国公墓》的报道，发表在同年 11 月 1 日的《救亡情报》上。

1936 年 11 月 23 日，正当全国抗日救国运动风起云涌时，国民党却执以"爱国有罪"的暴政，把一切爱国运动污蔑为"危害民国"行动，在上海逮捕了沈钧儒、章乃器，邹韬奋、李公朴、沙千里、史良、王造时等七位主张抗日的社会名人。这就是著名的"七君子事件"。

1937 年 4 月 3 日，江苏高等法院竟罗织"十大罪状"，对沈钧儒等提起公诉，并扩大此案，通缉陶行知等人。随后于 6 月 11 和 25 日两次在苏州开庭审讯。

陆诒于 6 月 25 日旁听采访了第二次审判，用尖锐讽刺的笔调写出了大快人心的报道——检察官翁赞年宣读"起诉书"后，首先审讯沈钧儒。沈老精神抖擞，从容答辩，弄得检察官哑口无言。继问章乃器，章有理有据的驳斥，顿使审判长面红耳赤。接下去，传讯王造时和李公朴。对法官弄不清"政权"和"政府"的概念时，王引经据典解释这两个不同的概念，把法庭当课堂，认真地给法官上了一课。李公朴在法庭上详细叙述成立援助日本纱厂罢工工人后援会和募捐情况。最后他动情地说："如果审判长那天也到会，听了罢工的女工紧急呼吁后，也会慷慨解囊帮助他们的。"弄得审判长狼狈不堪。

下午继续开庭，审问邹韬奋。邹举例驳斥检察官的诬陷后，"请检察官说明我们这些电报与'西安事变'究竟有什么因果关系"！弄得检察官瞠口结舌，无言以答。继询沙千里有关职业界救国会的事，沙对答如流，检察官无隙可钻。问史良时，她说：有强盗闯进大门，喊家里兄弟姐妹们不要自己打，联合起来去抵抗那些强盗们，这有什么错？"除非法官检察官是日本人，才会判我们救国有罪！"陆诒的报道，长了"七君子"和主张抗日民众的威风，灭了国民党投降派的气焰，是对反动分子的一记有力耳光。

1936 年 11 月 24 日，面对气势汹汹的日寇，傅作义将军率部抗击，毙俘日军七百余人，一举攻克内蒙古的百灵庙，给日伪军以沉重打击，人们称颂这次战役为"绥远抗战"。1937 年 1 月 20 日，陆诒赶到归绥访问傅作义将军，记下了傅将军的慷慨陈词：军人守土有责，我们在前方打仗，让敌人胆寒，全国各地所表现的热烈民气，是我们的坚强后盾，证明中华民族不可轻侮！

当月 23 日清晨，陆诒随上海妇女儿童前方将士慰劳团，乘卡车前往百灵庙前线慰问。卡车在结了厚冰的山沟里滑行，朔风迎面吹来，就像箭镞那样刺人。下午到达百灵庙，2 时，慰劳团在庙前广场为将士作慰问表演。演员的真情演出，使官兵们的情绪受到强烈感染，有人泣不成声，有人振臂高呼，有人高唱《义勇军进行曲》。口号声、歌声此起彼伏。这时，北风卷起一阵阵小雪，但广场上秩序井然。

陆诒的通讯告诉人们，西北边疆的军队也投入了抗日的洪流，抗战必胜！

1937 年 7 月 7 日，日寇挑起卢沟桥事变，陆诒赶到长辛店警察局（宛平县政府临时办公处），采访了新闻人物宛平县长王冷斋。王县长向陆诒介绍了卢沟桥事变的经过。陆诒第一时间发出的专电，有力地揭露了日寇发动七七事变的鄙劣手段和狼子野心。

而后，他又顶着枪声硝烟弹雨采访了坚守宛平城的吉星文团长，并以最快的速度发出了专电——9 日晚上，日军屡次攻城。面对凶残的日军，我军战士冲锋夜袭，喊杀之声数里可闻。有的战士，从城墙纵身跃下，杀入敌阵，用大刀和日军肉搏。这次战役，敌我双方伤亡都很重。日军一大队长被我击毙，我军还缴获山炮、机枪等武器。文章热情地讴歌奋勇杀敌的抗日将士。

告别吉团长，陆诒又在县府秘书长洪大中的陪带下，登上宛平城头察看战场。

洪、陆来到城外，察看日军阵地，突然一阵急促的机枪扫射而来，顿时城墙上弹痕累累。我守军立即以重机枪还击，掩护两人匍匐行进撤回城内。

1937 年，"八一三"淞沪会战爆发。17 日，陆诒赶到真如的一栋农舍里采访了第三战区司令长官冯玉祥和战斗在第一线的抗日官兵。采访中，陆诒记下了冯将军的铿锵之言：抗战不能单靠军队打仗，还要靠人民的支援。这次抗战是长期的，我们应抛弃旧嫌宿怨，团结一致，万众一心，去争取最后胜利。

8 月 17 日，我空军飞临上空助战，轰炸日本海军司令部。我方的一架飞机被敌方炮火击中，战士阎海文跳伞后落入敌军阵地被围，他拔出手枪先击毙敌兵数名。然后开枪自杀，壮烈殉国。

在另一篇通讯中，陆诒是这样写的：他在这前线见到的战士，都不愿调回后方休整，好像一回后方就会错过杀敌机会，这是无可补偿的损失。除了战士，陆诒"见到许多勇敢的司机同志，其中一部分是战争爆发后志愿参战的，他们冒着敌人的炮火，驾车疾驰在公路上，机智灵活地执行军事

前进思想家鲁迅访问记

本报记者 芬君

携怀着仰慕和渴望的心情，去访问我国精进思想家鲁迅先生。在一个预约好的场所，他虽在屋里，已经等了一刻多钟。一见面，我促促不安地向述问等电车图延迟时到的歉意。他那病容的脸上，朝对沉寂的潮汛自然的微笑，对我说："这是不要紧的不过过几天天来，我的病确稍好些，气闷失去，胃酒作痛，也已经有好久没睡好觉，今天因为补你是预先约定好的，所以不能不勉强出来赴约，听了他这些话，只是使我内心深深的感动了！

谈话一开始，育先生道出了大约"一·二·九"以来全国学生救亡运动的经过。他慢起诉我的第毛，根长促强了一下促说。"从学生自发的数亡活动上，在全国各处据起部所的抵御上一个现实中，的确可以看出，随着帝国主义有如置的进度，汉汗政权如期我出洗美民族，出类出土，成生我国历各地大多数生做出的的人们，已经憋恼的奋起，挥拥着万众的称都。来据激数人所给予我们这种抵抗的价格了，在最接触的瞬间成上，同此他们同方的数亡运动，不难影响到全国，其之这事自发的能进。真就产国学生在学民们的数各种事来。电已口在的能够保险得的认识模糊在民族意识的深部分，尽的浮那些据滋这如迎入下门。体验他们历各种体验的生活，组织农民工人，加紧推动这些民族救亡斗争的主力环。在行动方面，要是组织的严谨。通

传作义热泪盈眶

一九三七年一月廿日，我到归绥（鬼与呼和浩特市）访问傳作义将军。

傅作义当时任国民党故府缓远省政府主席，他是属于西山山军阀系统的将领。不是将介石统一系部队，当时日军已侵占绥城部北，是当大青山以北的百灵战等地缓远军事据点。全面进攻缓远省的北部西西部，进而成熟宁夏和甘肃。傅焦军曾于一九三六年十一月二十日指挥所部所陆锦领域，一举克百灵战，给当地日伪军以以打的打击。人们称颂这次战役是我然由予全国人民据的震惊战结束的。中国共产党坚持抗日民族统一战线政策，这这据和平分，终于取得和平解决。但民族危亡如此的严重的，陈玉于平津一带，叫嚷率滋特殊的。步步进涩：国民党政府的"先安内，后攘外"的政策被在位自运的，上海救国会抗议七万子正不久在苏州长的。各地的此抗日敬亡运动在纷纷到达过这这回越频，国共相关公司会的一一以前中再已打进行。在这等特殊的设得了设得之下，傅绍在绥远即积极抗汉的将才者才，据赢的是一个引人注目的的新潮头人物。

访问传将军，我想了解他对"西安事变"后的政治态度和对今后抗战有没有决心，到达归绥的上午，先去拜访当地新行

太原初访周恩来

初到太原城，我感到一切都生疏，幸而有同事孟秋江协助工作。孟秋江是江东的人，在衡阳，是到商店营门闭户，老百姓惶惶，满街是三五成群的军人，有带枪的也有徒手的。还有戴红臂章的行人的伤兵，老实说，前方传来不利消息。太原遭出罪惨景象，全城有八路军驻太原办事处仍然熊怎如泰山，照常工作。

八路军办事处设的是一所学校里，走进大门，穿过掉梯，就是排三间教室。其中有间的办公室，办公桌是用课桌掉拟的，上置档的白纸，想进过他墙见到精神愿巳久的周思来同志，在来办事处的途中，老速向我介绍了警觉的情况，参加过二万五千里长征，是位智勇备的青年领领，早在西安事之前，他曾以中共中代表的身份密密前往太原，同周恩山已在西安亲相共平中台达成积积的作用，抗战爆发发，为团结西北军，晋绥军共抗日，他一仍恩惠那阻，曾现华北各地进行了卓有成效的抗日民族统一战线工作。

见到这位质朴的青年得得，我满高兴，他在军装外虽还穿上平密现么色制上甲军费现么大衣，但色红黑，生得很清瘦，举止文雅，外表上不象是个工农出身的红军干部。孟秋江为我介绍后，参将军和我俩都握手，连声说，"欢迎，欢迎"。

为《救亡情报》写《鲁迅先生访问记》的经过

在 1980 年第 1 期《新文学史料》上，读到严家炎同志所写《鲁迅的《救亡情报》记者专访诗》一文，深感我有又不容辞的责任，把这些历史事实说明些。

我先声明，发表在 1936 年 5 月 30 日第 4 期《救亡情报》上部署鲁迅先生访问记》那篇文章，用的笔名是"芬君"。下面，我还可以回忆一些情况，以供参考。

1935 年 12 月，北平学生据发了"一·二·九"运动，立即就触发全国各地的抗日救亡之潮。上海文化界人士与相伯应，沈钩儒、邹韬奋等 283 人签名发表宣言，首先成立了上海文化界救国会。我参加了那次聚会和成立大会。不久，又组成各界救国会的联合会，叫做上海文化界救国会。记得那时参加的还有新闻界出业记是报纸编辑诗逸群同志。

当时我的职业是上海《新闻报》记者，作为上海文化界救国会的普通一员，自然要尽力去做，做点实际工作。1936 年 4 月份，上海文化界救国会，妇女界救国会，职业界救国会，各国大学教授联合会等五个分团体征募卷办"个据物"，取名为《救亡情报》。参加到上海文化界救国会宣传和稿联发工作的领导人，钱俊瑞和徐雪寒同志都是在此业务发的我据明当诉逸群同志领头发，蓝我们担任编务，参加救亡情报纸工作。当然列车上挥打物细期，想起"自古英雄无限器，时事察坏不赤灼丧，因平寂寇非难卸，如此江山坐付人"的滑句。不胜感慨。

车打一小时到达门头沟，我换乘人力车起驶。门头沟到长辛店有四十多华里，路过涮涮海小煤涮。一名小披儿，一名队长。坐车和人得下车步行辆山林的，治途省许多巧伏在修改公路。还有列队开赴前方的二十九军战士，给人以坚壮的印象。到长辛店在反军十二时半，我据赴县政府的临时办公处，找到了宛平县长正冷森，他是一位所河桥事变中的新闻人物，据在列车上挥打物细期，想起邀请找人员和供应军品，而顺平先曾出地平物加秦赢地市长和言方分交涉，他很谦讲，如谈得一口乘利的北京话，外表又黄熏熏，待人接物应时得方。这样的一位人物，不是数养他的采访的，当我为他频说自己的要求时，他究有拒绝。

为抗战、团结、民主而奋斗
——忆沈钧儒先生

沈钧儒先生，字衡山，长期以来我们尊称他为沈衡老。他是中国人民救国会和中国民主同盟的创导人之一，毕生奋斗，百折不挠，为中国人民革命事业作出了卓越的贡献，我深切怀念他，要紧要学习他在民族革命实践中所形成的许多美德，努力做好我们当前的工作。

我认识沈衡老比较早，1933 年 1 月 17 日，中国民权保障同盟上海分会在亚尔培路（今今陕西南路）中央研究院所行政成立大会。会上，他同柳亚云、鲁婀奋等三人当选为分会的法律委员，不久他他和江据诉，移送大、狱等拘逃诉执行委员。柳亚先隐是以预陈微的，但精神极好，消话声音洪亮，态度和蔼可亲。大家称师继续据着学赞行动，经常为情感人据出此庭辩护，主持公道。真真还开始抵批沈衡老，还是在 1935 年 12 月参加上海文化界救国会之上。

记者在 1936 年"一·二·八"希沪抗战四周年纪念日的上午 9时，我们右上海万里苏桥那金商会大礼堂举行纪念大会，并宣布成立上海各界救国联合会。

那天，沈衡老是大会主席团成员，由他主持会议。他说，"今天是我回顾牺牲，最大亡的一个回头的今天，十九周年存在据据政府面前自起抗战，历时 34 天，不措据大牺牲，写了光荣的历史篇

运输任务，直接为军队服务，为抗战出力"。

8 月下旬，陆诒采访了坚持在浦东作战的第八集团军总司令张发奎。张发奎说："我们发明了炮兵打游击战的办法，打几炮就转移，好像与敌机捉迷藏，这种战术很有效。我认为目前最重要的就是要把战区民众组织起来，防止汉奸破坏，加强军民合作。"

9 月 5 日，日寇进攻宝山城。三十多艘敌艇集中在吴淞口一带向城内炮击，还施放硫磺弹引起全城大火，敌军乘机攻进城内。18 军三营

营长姚子青率部据城死守，与入城之敌肉搏死战两昼夜，全营五百多官兵全部英勇牺牲，写下了淞沪会战中悲壮的一页。

走在难民行列中，陆诒记下了一对母女的对话：一个六岁左右的女孩问妈妈："我们为啥要离家远走？"妈妈回答："这是逃难。不走，东洋兵就会杀死我们。孩子，你大起来，千万不能忘记！"孩子圆睁着小眼睛，注视着妈妈，低声说："我不会忘记！等我长大起来，也打东洋兵。"

陆诒不愧是位杰出的记者，在报道中，他抒写了自己的感想："这就是'民气'！人民不可悔啊！"——这也是爱国民众的心声。

由于国民政府新闻检查的禁锢，陆诒宣传全国人民团结抗日的好文章被报馆扣住不发，陆诒愤怒至极，当即离开《新闻报》。

经范长江推介陆诒到《大公报》当记者。到职三天，《大公报》派陆诒去太原前线采访。当剃着光头穿着布衣草鞋的陆诒赶到太原时，太原已危在旦夕。经孟秋江介绍，八路军彭雪枫将军安排陆诒见到了来晋商谈八路军入境作战防务的周恩来。周恩来同他畅谈了抗战形势和抗日民族统一战线的政策。

临别，他特别关照彭将军为陆诒备好给129师首长的介绍信。周恩来对战地记者无微不至的关怀热忱指导，给陆诒留下了深刻印象。

11月1日早晨，陆诒随邮车去寿阳前线采访了刚调来增援的川军将领邓锡侯，并发表了采访报道——邓将军一到太原，即向阎锡山报到，并报告部队已赴前线，要求阎发给山炮、军服，阎竟连一张军用地图也不给。正当将军愤愤不平之时，周恩来亲自上门拜访，并向他详细介绍山西抗战的情况，分析战局，恳谈两小时，还送了几张平型关战役中缴获的日本军用地图（山西部分），使邓将军深受感动。

陆诒在太原还报道了一则引起轰动的新闻：八路军115师副师长聂荣臻率领部队和民众在五台山区建立了第一个敌后抗日根据地——晋察冀边区。"敌后抗日根据地"人们还是第一次听说。由此人们知道了共产党的抗日决心和抗日武装发展的速度。

娘子关战役，包括了娘子关正面争夺战和雪花山、旧关等侧翼争夺战等多场战斗，是抗战中最为惨烈的战役之一。

阎锡山的轻敌，李服膺等的不战而逃，致使日寇很快占领了比娘子关还高的制控点——雪花山。利用有利地形，日寇倾其飞机、大炮、步兵、骑兵的火力，将娘子关内外的山头炸了个遍。但在26路军孙连仲将军的指挥下，战士们冒死奋战，勇猛地击退了日军几次猛烈攻击。虽伤亡枕藉，但摇撼不了我国军人坚守的阵地。

于是，日寇转而进攻旧关。守关的27路军冯钦哉部与日军激战三昼夜，日军伤亡千余，我方则倍之。10月16日上午，旧关终被日寇攻占。旧关是娘子关的右门户，如果旧关不守，娘子关势必受到包围，形势万分危急。38军李振西团长接到抢救旧关的命令后，立刻率领全团战士操起刺刀朝旧关冲去。这是一场极其残酷的肉搏战，喊杀之声震动山谷。日军见势不妙，被迫后退三里，但关沟口两旁的高山仍被日军所盘踞。入夜，战士们摸到日军背后，发动突然袭击，在日寇密集的机枪扫射下，血战到17日拂晓，夺回了旧关左右两边的八个山头，同时克复了旧关。此次战斗，双方都付出了重大的伤亡。

不久，旧关再次失守，后面的固关告急。38军孙蔚如部奉命反攻旧关，急行军到前线，不喝一口水，不休一分钟，立即与日寇展开激烈的争夺战。血战一昼夜，付出重大的伤亡代价，再次克复旧关。但旧关外围的山头仍为日军占据，因此继续激战。从20日起，敌机四十多架次轮番轰炸旧关及周围地区，同时猛发排炮，致使地面上的树木、房屋、防御工事全部被炸毁。我军终因伤亡重大，又再次放弃旧关。但旧关之战为两线战场上所罕见，是娘子关战役中可歌可泣的一页。

宋之的根据这个题材写了个《旧关之战》的剧本，歌颂为国捐躯的中华志士。

娘子关失守后，陆诒于 10 月 30 日和士兵、难民一起挤在火车车皮顶上，在随时都有从车顶上摔下来的危险中，度过惊心动魄的一夜，终于到达临汾。结束了在临汾的采访后，渡河到了西安。在西安，陆诒邂逅戏剧家宋之的和电影导演吴永刚。陆诒在报道中写道，宋之的和上海救亡演剧一队离开上海后，一路上为军民演出。吴永刚是从平汉路前线撤退到西安的，他一直在前线拍摄军民抗战的镜头。

隔了几天，陆诒专程拜访了回故乡做抗战工作的创造社健将郑伯奇。和郑伯奇谈话，使陆诒进一步认识到关注西北民族问题的重要性。于是他又去访问蒙藏委员会副委员长赵丕廉，并记下了这位老先生看法：蒙古的大部分王公并不甘心附逆，只要我们重视民族问题，做好民族团结工作，军事上有办法，王公仍愿报效祖国。

陆诒的报道，把抗战中建立民族统一战线的重要性推到了国人的面前，从而引起了全民族的关注重视，并由此而朝着这个方向践行前进。

二

上海、太原相继失守，使得社会混乱，人心惶惶。范长江要陆诒去陕北听听延安的声音。陆诒通过八路军驻西安办事处林伯渠、伍云甫办妥了去西安的手续。临走，林老一定要陆诒领了件羊皮军大衣才和他握手告别。1937 年 12 月 1 日，陆诒搭乘装满了卷筒纸的卡车向延安驰去。车商要赚钱，纸装得太多，人们高高在上，既要警惕敌机的威胁，又要担心树枝、电线迎面划来；车子过河或过缺口时，又要提防被摔下来。经过三天的翻山涉河，3 日才到达延安。

下午，陆诒采访了抗大教育长罗瑞卿。罗认为，今后国内教育应从实际出发，提倡在艰苦的物质条件下办学，不要讲究校舍、设备如何。只有这样才能不怕敌人的摧残和破坏，坚持我们的战时教育。

第二天晚上，原在上海救国会活动中相识的艾思奇专程到陆诒住所拜访了他。艾思奇告诉陆诒：这里最大的特点就是人与人的关系和外面不一样，每个人都是为一个共同目标而奋斗的同志，相互帮助相互学习。

第三天晚上，陆诒应上海救亡演剧队第五队领队左明之邀，在一个不大的戏院里，观看他们演出话剧。军民观众满座，也有人站着看戏，并无首长席。邻座的一位战士指给陆诒，第九排坐着彭德怀将军。

第四天，陆诒由朱仲珠陪同参观陕北公学，访问校长成仿吾。成是创造社的健将、著名作家，今天在这里从事抗战的教育事业。成说，陕北公学主要是培养军队政治工作人员和群众工作干部的，特别重视统一战线教育。

告别陕北公学后，陆诒又去中共中央组织部访问李富春部长。他对陆诒说：我们不是没有犯过错误，但我们有勇气承认错误，并坚决地立即纠正错误，使这种错误不再重犯。现在，我们要尽一切力量去加强抗日民族统一战线，反对投降主义。

12 月 5 日中午，陆诒在窑洞里访问了毛泽东同志。毛泽东同志提出，目前要争取的首先是抗战的胜利，将全力巩固和发展抗日民族统一战线，推动全国进一步的团结，争取最后胜利。

毛澤東談抗戰前途

自從上海失陷，敵軍撲追南京後，戰局呈現異常緊迫的階段。團戰場也固太原棄守，使陝北成了直接抗戰的區域。國內費用一部分民族失敗主義者，散佈悲觀，勸告人及八路軍收直接抗戰的地區。為了理解陝北這個直接抗戰地區的動態。一戰就勝利最高領和抗戰的意旨，記者於本月一日作陝北之行，退留延安四日，對于前線抗戰的各階段的一切均要旱瞻觀。共黨要人及八路軍將領：一致表示擁護最高領袖和抗戰到底主張，並以最大的努力、蒙固全國團結的抗日統一戰線，尤其是我們抗戰勝利最有力的保證！現在，我到延安採訪所得，系統的報導於國人。

在我到延安後的第二天（五日），我去訪問毛澤東先生。

同时，他肯定了在四个月的英勇抗战中，所取得的光辉成绩。

陆诒的报道，把中国共产党和毛泽东同志对抗战前途的看法以及关于巩固和发展抗日民族统一战线的主张和努力传达给了广大读者。

在延安，陆诒再次访问了周恩来同志，周恩来从日常工作谈到当前时局新阶段的形势，两人从中午一直谈到天黑，突破陆诒在延安访问其他新闻人物的时间纪录。

周恩来首先分析了抗战新阶段的形势，指出有人幻想苟安，有人幻想和议，有人幻想求和，还有极少数人要向日本屈服投降，这是抗战现阶段的一个危机。但这危机是可以克服的，全国人民坚持抗战的信念尚未动摇，抗战的前途是光明的。

他坚信，只要坚持抗战，力求进步，国际形势也会迅速好转，关键在于我们自己的努力。

周恩来对抗日形势的分析估计，通过陆诒的报道，传递给广大民众，使民众看到了抗战的光明前途，增强了坚持抗战的信心。

八路军副总司令彭德怀将军从前方回来了。陆诒抓住这个难得的机会，访问了彭德怀。

彭德怀介绍了开展敌后抗日游击战的情况，讲述了晋察冀边区的男女老幼都直接或间接地投入抗战的热情，以及义勇军、自卫军、游击队的情况。

谈话结束时，彭德怀送给陆诒一本小册子，上面有他自己写的一篇文章，题为《争取抗战胜利的先决条件》，诚恳希望陆诒看后提出批评。陆诒告别时，彭德怀紧握着他的手，希望和他在前线上再见。

12月8日早上，陆诒圆满结束延安的采访日程，告别延安，踏上西

周恩來談抗戰新形勢

記得第一次會見周恩來先生，是在太原，他給我的印象，說話深刻而有遠見，對國內外的形勢估計，是正確而切實。這次在延安又會晤了，我正慶幸這繼巧妙的遭遇。他稀有代恩來的和我長談，從中午一直到天黑，突破了在延安訪問任何人的時間紀錄。談話是「抗戰新階段的形勢估計」，現在我要把他的聯……根據我的介紹給大家，好像一個座談官。

「眼前，抗戰的形勢，已瀕進到了一個新的階段，敵人自己很太原上海後……世界宣傳侵華戰爭於一初期階段，現今在華北急速演好敵方激成立偽組大元國，在京南也建立偽偎組織，一面在華北企圖演好敵方道繼巧妙的……使偽軍偽……裂痕，那包括我西北。老強力分裂我國內閣昭，在國際上，依舊還要分化中

安归程，有四十多位陕北公学的毕业生同行。临行，一百多位陕公同学列队欢送。车辆开动前，大家齐唱《在火线上再会吧》。其中最后两句："我们先去了，你们快跟上！"陆诒直到耄耋之年还记忆犹新。

陆诒回到西安后，立即乘车去兰州，然后辗转绥远和宁夏。

在平凉，陆诒访问了甘肃省第二区行政专员胡公冕。他对陆诒说：西安事变后，大家都在抗战的大目标下团结战斗，只有巩固发展这个团结，抗战胜利才有希望。他又说："一周以前，我要当地中等学校停课二十天，师生下乡去做抗日救亡宣传工作，收效还好。"

陆诒还见到了省立师范校长韩慨侠和省立中学校长黄立轩，他们都从事抗战教育工作，坚持学校正常上课，学生每天5时起床，早操，还要接受严格的军事训练。陆诒感慨地说："这儿虽比西安小得多，但这里有战时的气氛，看了教人精神振奋！"

12月22日清晨，陆诒搭上去宁夏的军用卡车，离开平凉前往宁夏。天气极冷，挤在卡车顶上吹风，耳朵和脸面痛楚难忍。突然，第一辆卡车在桥上翻落到河里去了。其他车辆的士兵乘客都下车去抢救。事毕已是夕阳西下，只好在固原过夜。

第二天一早，门外，大雪纷飞，气温降到零下20℃。时间紧张，大家不洗脸，不吃早饭，就冒雪登上车顶，继续北行。不一会儿大家都成了雪人了。在一次卡车上坡时，一位迷糊的同志被摔了下去，不幸跌伤。旅途上的这种危险常见不鲜。

第二天，到达宁夏的中宁县。饭后陆诒在街上遇见了新安旅行团的汪达之和他的小朋友们。汪告诉陆诒："我们一路上放国难电影，教唱救亡歌曲，散播抗日救亡的种子。我们是在实行吾师陶行知先生提倡的国难教育。"卡车按喇叭了，陆诒急忙同他们握别，新安旅行团的同志合唱《打回老家去》歌曲，为陆诒壮行。

12月26日早上，陆诒和军委训练总监专员蒋祝佳、新疆的青年军人张立平，共雇大车，踏过黄河冰桥，进入银川。

骑兵门炳岳师是这次民族抗战中极富攻击精神的铁军之一。在门将军的领导下，1937年8月13日，一队队奔驰的骑兵喊着唱着"打回老家去"的歌声，开到了商都指定地点，与傅作义部、赵绥部一起揭开了"商都大会战"的序幕。8月14日早晨，战士们挺着沾满了日伪军鲜血的长刀，收复了商都。

伪军逃向张北，门师紧追不放。8月20日晚上，门师一个团与伪军5师血战两昼夜，把伪军一个师打得溃不成军，创造了西线战场上最光荣的战斗纪录。

日军不甘心失败，再次调集四个师的伪军，配以日寇的飞机、大炮、坦克会师攻打商都。门师只有不足一师兵力，然浴血硬战了三天，终因无后援而退。

陆诒在文中说，这支绝塞孤军现正在休整补充，待机再次出击。门师官兵誓言：我们一定要死守这块战略根据地，就是我们全送掉性命也得这么做。

三

1938年新年，正在西线战场的陆诒接到范长江来电，要他即去武汉。一到武汉老范就告诉陆诒，共产党和八路军正在筹备出版《新华日报》他们欢迎你去，现在征求你的意见，陆诒说："只要坚持抗战，不论到哪里去，我都愿意"。

于是，范长江约了博古（秦邦宪）、何凯丰（两人都是《新华日报》的董事）和社长潘梓年、总编辑华岗（华西园）与陆诒当面洽谈，并请他担任编委兼采访科主任。编委还有章汉夫、许涤新、吴敏（杨放之）、楼适夷。

1月11日，《新华日报》在汉口创刊。刊名由于右任亲笔题写。

《新华日报》是一张坚持抗战、坚持抗日民族统一战线，表达民众愿望的人民的报纸，是由中共长江局直接领导的党报。

当时的武汉已成了全国抗战的中心，许多人民团体、党派、政府机关以至军事指挥机构都集中于此。《大公报》《扫荡报》《武汉日报》，以及邹韬奋主编的《抵抗》都在这儿出版。

1月9日下午，陆诒在武汉访问了从前线来汉口的彭德怀同志。

彭德怀听说陆诒进《新华日报》工作，表示很高兴。建议陆诒去看看贫民窟，了解人民的疾苦。

接着，彭德怀同志谈了这次洛阳军事会议的主旨，那就是一定要抗战到底，绝不中途妥协，用实际行动粉碎一切和谈阴谋。

而后，彭德怀以沉重的心情向陆诒谈了日寇，在华北残杀我同胞的暴行。他说，在平型关附近一带，本来人烟稠密，日寇的烧杀暴行，几百里内绝了人迹。日寇的暴行，激起了华北人民的义愤，他们不愿当亡国奴，纷纷组织游击队，保卫家乡。

在谈到敌后抗日根据地时，彭德怀说，日军进占太原以后，曾三次分路围攻我敌后抗日根据地。前两次的进攻都被我军击退。现在是第三次进

大治河

攻了，也被我军击败。在正太路和同蒲路沿线，日军筑了许多堡垒，但我军民对交通线的袭击和破坏从未间断。广大人民已经认识到，国共两党团结抗日，中国永远不会亡！

彭总和陆诒握别时，再次向陆诒提出，以后在前线上再见。

一天，陆诒得到彭雪枫将军因公来汉口的信息，于是马上去访问彭将军。

这次陆诒要从彭将军那里系统地了解八路军动员群众参加抗日游击战的过程和经验。

此外，彭将军还谈了目前敌后抗日游击战争的战斗任务：一是消耗被困敌军，有力地牵制他们的进攻；二是借游击战机会，了解各地的山川险隘；三是在开展游击战的过程中，组织群众，武装群众。游击战可以说是大规模运动战的前奏曲。

1938年2月初，津浦路前线战局吃紧，报社派陆诒去徐州第五战区采访，同行的还有挚友《大公报》记者范长江。

2月10日早上，列车到达开封，陆诒抽时间采访了第一战区司令长官程潜将军。晚上，他们又采访了儒将商震。商将军说：第五战区由李宗仁将军指挥作战可以放心。

2月11日下午陆、范到达徐州，车站、城区，到处是断垣残壁、触目惊心。第二天一早，记者采访了李宗仁将军。李将军说日军企图打通津浦路以消除侧翼的危险，然后溯江西进取武汉。所以必须在津浦路上将日军拖住，保证武汉有充分时间进行部署，坚持长期抗战。去年12月中旬，日军开始进攻到明光以南，即被我军所堵截，血战一月，进展受阻，出乎日军意料之外。

本月2日，日军占领了彭埠、临淮关等地。8日强渡淮河，6次登陆，都被我军击退。10日，又有千余日寇再次强渡，双方三攻三打，伤亡都极重大。淮河北岸激战时，正在西撤的31军突然从日军左侧向日军猛攻，将铁路切成几段，牵制了日军的进攻。我估计，日军将分几路迂回进攻，

再访彭德怀

一月十九日下午，我接到凯丰同志从八路军武汉办事处来电，说彭德怀将军去前方来到汉口，叫我到办事处去访问他，谈谈前线战况，这是我给《新华日报》第一次出勤采访。办事处设在日本租界中山一路大楼里，当时既无电车，又无公共汽车，只能步行前往。

到了办事处，我和同志们在楼下会客室等候，不到两分钟，彭德怀身披一件褪色的日本黄呢大衣昂然而入，他同我是第二次见面了，同我握手后，把军大衣脱下放在旁边的椅子上，然后就座，他神采奕奕，毫无征战疲惫之气，他一坐定，不等我提出问题，彭德怀同志就象故友重逢那样先谈起来。

"在这里又见到你真是欣慰呀，听说《新华日报》工作，我很高兴，今天我同从战场来，在那边开了几天的军事会议，这三镇地方打得厉害，吃过早饭，我就同小鬼（指警卫员）出发走来，到了汉口，看看我的家，看到北方这里的，住的还是风雨几十年前一样苦啊！记者同志，你知道过汉阳，见过贫民窟没有？"

"没有。""我老实回答，这时，他用严肃的目光看我一下，不论为的抗战利益为的人民的利益，说说这次的抗战吧，也是为人民利益着想，人民的疾苦，我们时刻不能忘记；记者同志，不到贫民窟...

访彭雪枫

八路军驻临汾的办事处处长彭雪枫将军因公来汉口，我得知这个消息，就去访问他。

去年十月，我们在太原见过面，受到他的热情接待，这次重逢格外亲切，一见面，他就同我谈太行山的近况，我议也去访到老孟来，现在捷报频传，日内将移驻黄河，重返山西战场采访。

这次访问彭将军，我的性情明确，就是要系统地了解八路军动员群众参加抗日游击的经验。彭雪枫诚恳地说，"我不一定能讲得很有系统，既然你有此意思，那就让我试试看吧！"

他先从八路军开进晋察冀边区时的群众动态说起，他说："八路军初来时，群众也表示欢迎，但这种欢迎也只是贴标语，或者站在路旁喊几口号等，大家人人还是以好奇的目光来看我们的，大部分也是。富农豪绅不远逃避了，于是那队八路军既"令敌忘记地到哪去运动"，经常举行各界联欢大会，反复宣传宣传军民参加抗战的意图，宣传我军三大纪律八项注意，宣传抗日民族统一战线的政策，消除老百姓的害怕心理和怀疑心理，使军民关系密切起来。这时，富农也逐渐回到家了，我军的政治工作便更紧张活跃起来开展起来，我们按照山西动员委员会所定的纲领，以各地委员会的县、区、村的基层组...

访李宗仁

我和长江接海路的特快车从汉口来到徐州，往东去的旅客不多，有一部分座位是空着的，中途遇上好几次空袭警报，火车被迫停驶，列车急忙疏散旅客下车，到附近田野间散步，以防敌机袭击，这里久坐火车的旅客也是一种调节。

二月十一日下午到徐州，一下火车，车站上我就看到残垣断壁，被炸毁的机车还横倒在路轨上，出站步行在途，城内的房屋也有被敌机炸得破烂的，可是商店都照常营业，街上熙来攘往，市面相当热闹。在武汉的人很想象着徐州的，江北历来主张纪者应当住最大的旅馆，便于开展上层活动，我们在已商量好，到徐州住花园饭店，结果找上车堵，只好住万旅店。

第五战区管辖的地区，北至济南黄河两岸，南达缔口长江北岸，东自长江夏县口向北延伸至黄河口的海岸线，包括山东全省和江北北安徽，江苏河省的大部分，目前新进行的战争主要是保卫捍卫捍蚌的防御战，集中在这里的军队有各自全国各地的军队，桂系、东北军、西北军和中央军，各军纪律都有进步，因此军民纠纷极少。

第二天，我随同一家小铺子去吃早点，许多人挤在铺子门口围观热闹，原来大家是在看李宗仁将军，他正骑着一匹枣红马闲逛，后面紧跟着一位头戴钢盔的军人，也骑着马，掌柜的生怕...

从信阳到六安

二月二十一日早晨，我搭第五战区兵站的军用卡车离信阳向安徽的六安出发，卡车一共九辆，列队疾驶，路上尘埃蔽顶，午刻越过潢川，此地是广西的青年团驻地，我们看到沿途的男女抗战青年，雄赳赳、气昂昂列队而过，抗战的精神标语响彻愁肠，市上人摩肩接踵，很为热闹，可惜由于赶路，车队未停留。

从潢川到潢川，公路铺着石子，坚实军用，车行很通畅，但潢川以下都是泥路，桥梁破坏，坍陷随援，完整的桥梁很少，从荒期、新塘、定远一带遍的难民纷纷不绝，我们在潢川被破坏，挟着行李，提了箱笼，沿着公路一步步踉跄前进，疲乏无力，妇女们走得脚肿力竭，有的坐在地上唉声叹气，小孩子四方饥饿啼哭，真是一幅惨绝人寰的难民流亡画面。

过了潢郭路三岔交界的商城，停顿缺地叶家坂，圆圈横着一条河，渡口只有一只渡船，过河需要七很长时间，卡车就在这边歇着，这九辆卡车是属于湘南军的，而军队向湘南省公路局征调而来，卡车司机都是初中毕业后受过半月训练的青年，他们既有政治热头脑，又有熟练的技术，可贵的是没有旧社会的坏习气，他们护护爱护，过桥或过渡口时小心翼翼，歇完时都照应在车上，押送的士兵也睡在车上，当地民众也了军队不仅不害怕，而且相处融洽，我们因为找不到住的地方...

随李宗仁去合肥

我们到达六安的晚上，就去访同第五战区司令长官麾安徽省无席李宗仁同事，他热情接好客，欢喜招待各方的人物，都他的左右近，自从他到六安以来，省政府内库上客常满，使得六安这个小城充满着新的气氛，萌昆民义，记者文人，各军官佐和革新政治等等军官于正进述步兴奋。我曾就同李将军以谈访，又和他同车返到上窗谈钱略越，院谈内容极为广泛，但归纳起来不外乎下列几点。

他认为抗战打到目前为止，日军是由主动地位逐渐转被被动。过去日军可以运用其优的优势的武器，集中大力突破突某一点或一线，该在他们已深入到我国的内地后，决定胜败已不是优势武器，而是双方坚持精神的问题。日军企图打通津浦线，两个月了，依然未打通，历次进攻中双方伤亡数字增加了，几乎今衰军增倍，这是由于这次津浦越路发动作，故时，我军除在铁路正面战争死伤伤亡的数目外，还另有一部分兵力在铁路两侧打击地，不断袭击日军，摧住他们的后部，使日军已经过了确岡的日军无穷的困扰所造成。

抗战初期日军在上海、南京、太原等地打了胜仗以后，群狂无比，他们根本不把五战区内这种一点万力现现战略放在眼里，以为打通津浦路，攻打徐州，不过是挺次行军，非常轻易。

准备包围徐州，打通津浦铁路。

谈到这里，李将军因有急电，遂与陆、范握别。

1938年2月14日，陆诒去了津浦路南段前线。听邻座的几个小青年说，他们这次回去，要把农民组织起来，开展抗日游击战争。晚上，无灯的车厢里响起了士兵和乘客合唱的《义勇军进行曲》。

早晨3点，陆诒转车后又步行十多里，才到51军军部，采访于学忠军长。将军同陆诒谈了前线战况。

淮河北岸的战斗极为激烈，我军浴血奋战在小蚌埠三进三出，展开白刃战，日军始终未获进展。临淮关方面，我军顽强坚守，终因伤亡过大而被其突破。其中，也有我军弱点的原因，就是"指挥官伤亡过半，士兵即不能继续战斗。如果我们能在战前派任每一级指挥的后继者，战斗就可以持续进行"。

在谈到军民关系时，于将军说，现在民众认识到，抗战人人有责，乐于同军队合作。这次我军伤兵达两千多人，全靠当地民众协助抬运伤兵，否则伤兵就运不下来。

2月18日，陆诒到了皖东南信阳前线，采访了孙连仲将军。孙将军跟陆诒谈了训练新兵的要领和注意问题。

在返程的兵车上，陆诒与伤愈重返前线的战士，一起引吭高歌《五月的鲜花》等救亡歌曲。这些歌曲，对振奋士气有很大的作用。

2月21日早晨，陆诒搭军车离开信阳向安徽六安出发。午刻，经过广西青年团驻地潢川时，看到街上男女武装青年列队而过，抗战的壁报和标语到处皆是。过了商城，是叶家尖镇。广西军队政治部的宣传团和新新救亡剧团在公演话剧，当地群众从而知道今天前方正在抗战。

进入安徽境内，沿途，看见结队成群的男女青年，肩荷简单的行李，走得热汗淋淋。他们准备到潢川青年军团去受训，而后奔赴抗战前线。这种情景在其他地方，也经常看见。

到达六安的当晚，陆诒就去访问了第五战区司令长官兼安徽省主席李宗仁，并同李将军作了广泛深入的交谈。第二天，陆诒和李将军同车到合肥视察，并认识了第十一集团军总司令廖磊将军。

廖将军告诉陆诒：鉴于淞沪战场上失败的教训，现在我们把干部充实到行政机构中去，做广泛的动员民众的工作，实现军民一致抗战。同时组织战区难民选择适当地点，进行生产；对其中的少壮者给予政治、军事训练，鼓励他们参加抗战工作，以致增添抗战力量。此外，合肥城内有一股汉奸势力，所以部队进驻合肥后，立即展开锄奸工作，几天之内就破获了好几起重大汉奸案，由此反对势力气焰受到了沉重打击。

采访廖将军之后，陆诒随李宗仁将军赴八公山前线视察。将军说，日寇的残暴行为激起广大农民的无比愤恨，许多农民拿起仅有的武器——土枪、大刀和梭镖上山当游击队去了；沿途看见许多农民工在协助军队构筑防御工事。沿着山间土路，陆诒和李将军继续前行，一直到了日军盘踞的上窑。上窑和我军只隔一条狭窄的灰沟，两军对峙，日军炮弹不时从头顶上掠空而过，发出"嘶嘶"的声响。

离开合肥，陆诒来到安庆，踏上码头就听到一则荒唐故事。南京失守后，国民党省政府听信日军将溯江而上的谣言，省长蒋作宾以下官僚，连夜搬家逃走，车队长达几里路。开始，百姓莫名其妙，后来也逃难去了。几天后，江上并无日舰影踪，但安庆已成死城。

第 20 军一到安庆，即发动全体官兵下去动员百姓回家，动员商家开店，还组织当地各界人士和军政人员一起交流消息，稳定市面，同时积极开展救亡工作。陆诒看到，来安庆的上海留日同学会组织的救亡服务团，每天下乡宣传，动员难民回城安居。

第二天，陆诒访问了奉调来安庆补充整训的第 27 集团军总司令兼 20 军军长杨森将军。杨森说，希望在抗战过程中不要再有分裂，抗战胜利后，国共两党团结起来建设新中国。八路军在平型关打胜仗，鼓舞了全国军民，影响很大。他盼望有一天能在抗战战场上和朱德将军重逢。

1938 年 3 月底，陆诒同范长江回到汉口，出席中国青年记者学会成立大会。这时，川军陈离（静珊）师长正在汉口医院治疗枪伤。报社特派陆诒前往医院探望。在病榻前，陈师长向陆诒叙述了反攻邹县两下店战役的经过：部队刚到邹县时，风雪载道，老百姓不分男女老幼出城三里，打扫积雪，燃放爆竹，欢迎我们进驻。部队定驻后，百姓常常带了面粉、猪肉等食物来慰劳。部队受到民众的激励，士气高昂，战士们纷纷向上级要求杀敌，切盼在战场上与敌人拼搏，消灭日寇。

从 2 月 13 日起，我军开始向两下店反攻，经过两天的拉锯战，我军以伤亡 1100 人的代价夺回两下店高地。这场激战告诉我们只要奋勇作战，日

扫雪三里迎川军

一九三八年三月底，我和范长江从汉口到××，由席中国青年记者会会成立大会，川军邓锡侯将军部下的陈离（静珊）师长也在汉口，他在津浦路北段指挥战斗时负伤，最近辗转到汉口治疗，前往医院探望。去年我去晋东南敌地见过邓锡侯将军，这是第二次见面，当我走到他病房前，他非常激动，紧紧握住我的手，大声说，"你们的报纸这样关心前方战士，真使我们十分感动！"

陈师长的伤在右腿，那是在作战时被日军机枪子弹所射中的，经过手术取出子弹以后，他的健康已逐步好转，他显然比前消瘦一点，但精神尚好，在病房里我就被送及我所下店故的消息。

他说，"第二十二集团军总司令邓锡侯将军，在今年元旦从山西战场调到津浦北段布防，当时前线比较空虚，部队刚刚开到鲁南敌人的面前，当地风雪散退，老百姓不分男女老幼出城三里打扫积雪，迎接我军。欢迎我军进城内，这时非常，给我们全体官兵的教育太深刻了！许多人说，我们在四川打了几十年的内战，老百姓痛恨我们，一向视我们处于对立的地位，只有在这次民族战火里，军队和民众成了一家人。

"部队驻定后，老百姓常常带了面粉、猪肉之类的食物来劳军，士兵们吃了老百姓的东西，不打仗党得心里怪难为情，纷纷……"

二十军守安庆

离开合肥，我来到安庆，听到一件盛传安庆的荒唐的事。

一九三七年十二月十二日南京失守以后，幕临江边上的安庆有过一段惊惶时期。恐慌从十四日下午开始，安徽省政府听信了日军舰队即将瀚溯江上的谣言，省主席和作客的文武官吏、兑警军人经夜行动，连夜撤离，大小车辆相接起来足有几里路长，满载行李、箱笼、眷属，大哭小喊，纷纷逃难，老百姓惶惶了。开始离开其前，后来，恐慌的气氛在全市弥漫，像逃荒那样惶恐哀怨，城门口站岗的士兵，苦口婆心劝他逃难者识的争先恐后，后面并无追兵，但效率等于零。十五日早上，江上升无日照影踪，可是安庆市上行人稀少，商店紧闭，吃饭、饮水都成了问题，成了一座死城。

当时，我们对长江的封锁线简单来说说，而安庆仅有从淞沪战场调来补充整训的川军第二十军驻守，如果日军真真西进，安庆是非常危险的。南京失陷以后，凄惶的军政首脑被蒙先逃，汉奸散机杀杀抢掠，三天以后，才清扫军先完蒙，这班退残累的道理，只要自己站稳脚跟，日军未必敢乘途我，如果自己动摇或崩溃，对方则必乘虚而入。这次二十军坚决守安庆，可为当时的恐慌气氛所动摇，宽定了转危为安的基础，功绩不小。

草木皆兵的日子过了几天，二十军踢拉拢动员老百姓回……

军不是不可战胜的。

接着，陈师长说，在晋东南作战时，我们曾请朱德将军到司令部向高级军官讲授游击战的战略、战术。这次战役的胜利，证实了朱德将军的战略战术的正确性——抗日游击战必须和阵地战密切配合，必须取得民众的大力协助。

陆诒和范长江匆匆赶回徐州，已是 1938 年 4 月初了，日军正向台儿庄大举进攻，企图占领这个战略重点。

到徐州当晚，陆、范就去访问李宗仁将军，李将军告诉他们，这几天台儿庄正面战场打得很激烈，孙连仲部坚守台儿庄，浴血奋战，阵地上每天落日军炮弹六千发，伤亡惨重。他已令汤恩伯部迅速南下，以解台儿庄之危。

4 月 6 日晚上，陆、范到了距台儿庄仅三里的池峰城师长指挥所。晚上 9 时 30 分，反攻开始，我军的重炮向日军阵地集中轰击，炮声震撼大地。记者走出指挥所观察，只见台儿庄内日军的弹药库已中弹爆炸。我军冲进台儿庄展开白刃战，把困守寨子一角的八百多敌寇全部歼灭。4 月 7 日清晨，我军克复台儿庄，并立即向前追击。胜利的消息传来，记者急忙披衣向台儿庄奔去。半路上，遭退却敌机猛烈轰炸、扫射。到达前线，记者进入交通壕匍匐前进，战士们有的在加固防御工事、有的在唱歌、有的在休息，个个喜形于色，精神奋发。

下午 1 时 30 分，记者进台儿庄西门，脚下全是瓦砾、弹片、炮弹壳和半烧焦的木料和凌乱的电线。看见不少我英勇战士的尸体。有的虽然全身焦黑了，但仍屹立在墙角，左手持枪，右手高举手榴弹；有的双目圆睁直视前方，令人肃然起敬。

陪同察看战场的 31 师王冠五旅长告诉记者：一次，日军的枪刺已插入我军守卫的墙内，一士兵把它捏住，刺刀刺破手掌，流血不止，他仍紧握不放，另一士兵冲进邻室，用手榴弹把那个日军炸得粉碎。在旅部，记者看到缴获的武器弹药堆满一屋。其中有日军曾多次使用过的催泪弹毒气弹。

凭什么我军最后还能反败取胜呢？王旅长在台儿庄血战座谈会上只用一句话做了回答："就靠官兵一致的抗战决心。"

从 1938 年 2 月到 5 月中旬，日寇增调十个师团的兵力，将徐州团团包围，局势十分严峻，但陆诒坚持去第五战区前线采访。

5 月 15 日上午，徐州遭到敌机疯狂滥炸，城内成了一片火海。正在开座谈会的陆诒和同业们表示：日寇的轰炸永远毁不了我们的抗战意志，我们将更坚决地做好抗战新闻工作。

16 日晚上 12 时整，第五战区司令部参谋杨萍把陆诒和范长江从睡梦中叫醒，说日军已迫近徐州西边，陆诒和范长江应赶快和部队一起撤退；他的坐骑已牵来，请立刻上马出发，一路上他会为尽力保卫陆诒和范长江杀出重围！杨萍舍己为人的崇高品质，使记者深受感动。为不影响他的工作，陆、范婉言谢却。陆诒和其他记者同关麟征军长和张耀明师长所辖的新兵一起突围。卡车出了徐州西郊，直到设防的郝集才停车休息。在那里，陆诒遇见了演剧队第 9 队的瞿白音等一批戏剧界朋友，还有几个部队战地服务团的青年男女朋友。

16 日 上 午 10 时，陆诒随部队突围，不料快到陇海铁

陆诒

路时，即被日军发觉，日军用机枪的火力网封锁了道路，四架敌机同时低空扫射。我军除一部分尖兵抗击日军外，其余人员迅速分散到麦田中隐蔽。听从指挥，一路仍回郝集，陆诒随另一路沿黄河故道向东撤退。

傍晚，陆诒随黄维纲师的直属骑兵连班长李长江撤退。李班长识字不多，说话做事直爽。他给陆诒和《扫荡报》记者张剑心各发了一支枪、一匹马，并警告说："跟我们一起好好干！丢了枪马，要枪毙你们！"虽是新兵团，但部队行军序列井然有序、军容整肃。晚上11时，铁路以南的日军发现了我军，先用探照灯照射，继以步枪和机枪猛烈扫射。我军突击部队立即冲上去迎击。日军乱打了一阵，不敢出村追击，我们从容地冲破包围圈向前走去。

第四天到达扶沟就地休整。李班长带陆诒和张剑心见了黄维纲师长，师长又陪记者去见了张自忠将军，将军对记者亲切慰问。陆诒说："在您麾下当几天骑兵，这是无上的光荣！"张将军旋即派车送陆、张回到武汉。

回到武汉，陆、范受到了《新华日报》领导和同志的热烈欢迎。周恩来还约见陆、范，对他们的工作给予赞扬和指导。

1934年夏天，陆诒常约几位记者朋友到小餐馆里座谈，慢慢地人数增加到30多人，大家觉得座谈对自己的生活学习很有帮助，于是有了把座谈延续下去，将座谈内容记录下来的想法。陆诒通过努力，借得《大美晚报》（华文版）的一角，于每星期五出版"记者座谈"周刊。刊物一共出了八十九期，一直到1936年5月7日才宣告休刊。

随着抗战的爆发，陆诒感到有进一步将青年记者组织起来的必要。于是在1937年11月4日，由范长江、羊枣、夏衍，恽逸群等一起商量，决定组织一个永久性的团体。

11月8日，上海青年记者协会在上海成立。会议授权范长江到武汉推动组织武汉分会，拟由此组织推动各地发展分会摄行总会职权。

1938 年 3 月 30 日，筹备委在汉口召开了全国性的首次青年新闻记者代表大会，正式成立了中国青年新闻记者学会。邵力子、于右任、张季鸾、郭沫若等各界名人参加了这次盛会。苏联塔斯社的罗果夫、美国合众社的爱泼斯坦、美国女作家史沫特莱也参加此次会议。范长江、陆诒、夏衍、陈向生等十一人为理事。从此，"青记"在全国各地先后建立了分会。历史证明，陆诒对"青记"的成立和发展功不可没。

四

1938 年 6 月下旬，武汉保卫战拉开序幕。《新华日报》安排陆诒到大江南北前线采访武汉外围的抗战消息。陆诒坐船东下，沿长江先去北岸采访。

6 月底，陆诒到武汉，当地没有一点战争气氛，更谈不上动员民众的工作。中小城镇目前还如此闭塞、麻木、民众还未组织动员起来，究竟凭什么来保卫大武汉？深深的担忧和不解，萦绕在陆诒心头。

从武穴到广济再到宿松，沿途过境部队络绎不绝。最糟糕的是过境部队中任何人都可以拉民夫，要给养，要不到就抢，逼得当地居民统统逃光，田野里看不到一个农民。"早晨叫破坏，晚上让修复"的公路，坑坑洼洼，汽车无法同行。在这样的公路上，遇到的难民接连不断。难民中，一位老太招呼陆诒说："老乡，天上呼呼、呼呼飞来飞去的，要不要避一下？"老人家连日本飞机轰炸要炸死人、炸伤人、炸掉房子都不知道，真让人感慨万千。老太太还诉说，军队把家中的一点家具、粮食、蔬菜抢掠一空，儿子、女儿一个月前就逃出去了，不知去向，等等。满目凄凉，陆诒实在不忍听下去。

到达太湖县境的棠梨河，碰见了杨森将军。将军说，自去年参加淞沪战场抗战以来，兵员和武器从未得补充，最近才领到普法战争时代的古董步枪两千多支。子弹要从枪口放进去的。"拿这样的武器来补充我们，怎么叫人心服口服？"杨将军感叹不已。

7 月 25 日，陆诒转赴长江南岸前线采访。从武昌到鄂城的一段公路已被当局下令破坏，于是下车步行。路上遇见专管战时交通运输的俞飞鹏将军和他的随从人员，也在步行。陆诒问俞将军："是什么人叫破坏公路的？事先有没有向你打过招呼？"

将军苦笑着回答："只有天晓得！日军还远在江西，湖北就先破坏公路，在这种无政府状态下怎么能打好仗，怎么能保卫大武汉？"

7 月 26 日，陆诒由大冶到了阳新，在大街上遇到许多从九江徒步而来的伤兵，当地竟无人收容，他们只能在街上彷徨徘徊，着实令人心酸。27 日，陆诒和范长江、顾廷鹏坐小木船出发，第二天到达江西瑞昌。经过日寇连日的轰炸，瑞昌已成一片焦土。

在瑞昌的村庄里，陆诒访问了孙桐萱将军，将军告诉记者：北方部队初到江西，水土不服，加上恶性疟疾流行，全军病员竟占总数的三分之二，直接影响战斗力。军人战死沙场，义无反顾，但叫我坐视伤员因缺医少药而丧失战斗力，深感痛苦。

在马回岭附近，陆诒他们见到了第二十九集团军总司令李汉魂将军，并在他驻扎的村子里住下。记者对将军说：一路上观察，深知部队在当地买不到粮食，困难很大。李将军深有感触地说："想不到抗战部队到了江西，当地民众奉命对我们实行坚壁清野，这一套算什么名堂？江西政治情况之糟，在这次抗战中暴露无遗。"

在保卫武汉的外围战中，李将军所统率的部队在南浔路和庐山两侧，奋勇作战。日军 106 师团数度强攻，都被我击退，日军伤亡惨重，双方对峙达一月之久。李汉魂的部队，不愧是抗战英勇部队。

1938 年 8 月 1 日，陆诒一行徒步到了江西德安，在郊外农村访问了北伐名将吴奇伟。不巧，将军同战地服务团的同志一道翻山越岭，去做动员群众回家的工作。不到一小时，将军从山上回来了。他见到记者就说："军队是不能离开群众的，在抗战时期军民合作尤其重要。"接着将军谈了他对目前战局的看法。

第二天，陆诒和范长江到了南昌，住在四照楼旅社。陆、范先访问了新四军办事处主任黄道同志和文化界朋友夏征农、笪移今、吴志远等，向他们请教和了解情况。

1938 年 9 月初，陆诒再次从武汉出发，到长江南岸的前线采访。在阳新附近，他访问了张发奎将军。正在"打摆子"（疟疾发作）的张扶病接见了陆诒，并忠告陆诒："这一带流行恶性疟疾，大部分官兵染上这种病，由于缺医少药得不到治疗，直接影响我军战斗力。不论是白天和晚上，你当心疟蚊叮咬！"

在第二天的夜行途中陆诒染上了疟疾病，卧床不起。同样染上恶性疟疾的陈诚将军听到陆诒发病消息时，立刻派他的军官郑捷侠大夫来为陆诒治病。大夫为陆诒注射了"9·14"针剂。两天后，陆恢复健康，搭车到达汤恩伯的总司令部。

9 月 6 日，陆诒在汤总部见到武汉文化各界前方慰劳团代表沈钧儒、王炳南、蒋南翔和《新华日报》记者张企程等一行。沈老见到陆诒后兴奋地说："能够到前方来慰问我们敬爱的抗日战士，非常高兴！武汉文化界人士非常怀念前方将士，特推派我们来表达这份情谊。"

汤将军对陆诒说："沈老是革命老前辈，他是我们的长者，这么高龄还长途跋涉，亲自来看望我们，实在愧不敢当。"当天还举行了由沈老向汤恩伯、关麟征将军敬献锦旗的仪式。汤将军接受锦旗后，慷慨陈词：努力奋战，是军人的天职。请沈老回去告诉武汉文化界朋友，我们坚决抗战，保卫大武汉！

第二天，陆诒和美国驻华大使馆武官、著名将领史迪威将军一起随 25 师参谋主任到前线视察。视察路上，史将军竖起大拇指对陆诒说："中国的士兵刻苦耐劳，又能打仗，这是世界第一等的军队，但是中国的军官，特别是高级军官很腐败，不求上进，可惜！"

陆诒和史迪威等人一起登上高山，俯瞰瑞昌至码头镇一带的前沿阵地时，四架敌机正在轮番轰炸码头镇和我军右翼阵地。史将军说："为什么中国军队的前沿没有高射炮，又很少得到空军的支援？日军沿江跃进的战术，总是先派飞机狂炸，继以兵舰炮击，步兵跟着前进，难道这种战术就无法对付了吗？"

9 月初，陆诒在阳新附近的小村庄里，见到了 89 师戴安澜副师长。戴副师长对陆诒说，目前军事态势对我军不利，但我们仍要尽一切努力，以阻止敌军沿江跃进。

在崇阳附近，陆诒访问了滇军总司令卢汉将军。将军对记者说："和自己人打了二十多年仗，回想起来，太无意义。此刻正是军人共同杀敌报国的千载一时。"

10 月 25 日，陆诒在前线听到了武汉失守的消息，悲愤填膺，泪流满面。武汉失守后，抗战进入了更加艰苦的阶段，10 月 30 日凌晨，陆诒就搭上军车从平江赶赴长沙。在长沙陆诒找到了范长江和陈侬非。他们告诉陆诒：八路军武汉办事处和《新华日报》工作人员搭乘轮船溯江西撤途中，遭到敌机空袭，轮船沉没，报社潘美年、项岱、李密林等同志和八路军武汉办事处一部分同志遇难。在悲痛之中，陆诒立即向重庆报社发出唁电和悼念文章。

第二天上午，陆诒到八路军长沙办事处访问了叶剑英将军。从将军那里，陆诒才知道，撤退前夕，周恩来同志还为汉口《新华日报》撰写了最后一篇社论《暂别武汉》。宣传战士在黄鹤楼的城墙上刷了日文大字标语：“武汉就是日本帝国主义的坟墓！”

周恩来在 10 月 25 日凌晨，亲临汉口《新华日报》编辑部，检查最后一期报纸的付印和出版，亲自送出版社最后撤退的一批同志，然后驱车至黄鹤楼下，检查日文大标语是否刷好，有否差错。这时，日寇已逼近汉口市区，炮声隆隆，国民党的文武官员早已逃之夭夭，而周恩来这时才从容不迫地离开武汉。

11 月 12 日上午，陆诒和范长江应约到八路军长沙办事处访问周恩来同志。周恩来要求陆诒先去桂林，并告诉他，长沙局面异常混乱，张治中虽担任省主席，但未必能控制当地局势。所以今晚 6 时以前，所有人员务必撤离此地。

当晚 11 时后，国民党长沙警备司令酆悌竟借口实行“焦土抗战”，下令部队放火烧城，给当地军民造成一场空前浩劫。事前连张治中、陈诚都不知道军队即将放火烧城。周恩来、叶剑英及八路军办事处的同志们，处乱不惊，工作若定，坚持到大火弥漫时才撤离，因此人员和物资都没有遭到损失。

陆诒从衡阳到达桂林时，桂林几乎天天遭受敌机的轰炸、扫射，所以白天只能蹲在山洞里，夜里才能工作。“青记会”特在桂林成立南方办事处，由陈侬非任主任；郭沫若为社长的《救亡日报》由夏衍在桂林负责出版。这时的桂林，已成了文化界的集中之地。

11 月 28 日，陆诒带了三名国际新闻社的青年记者，离开桂林赴衡阳，再转车赴广东前线采访。火车到衡阳后，陆诒四人到八路军衡阳办事处访问了周恩来和叶剑英。

离开衡阳后，陆诒四人到了广东曲江，在曲江三华镇，陆诒访问了第 12 集团军总司令余汉谋将军。问起广州失陷经过，他有难言之隐。还

125

炮声隆隆自从容

武汉会战是我国抗战初期投入兵力最多、战线最长、历时最久、牺牲最大的一次战役，战场遍及皖中、赣西、鄂北、豫南、鄂东广大地区。这次会战，日军先后使用海军兵力四十多万，我军配置兵力约一百多万，历时四个多月，我军曾利用武汉外围江河湖汊交错，地形起伏纵横的天然屏障，层层设防，顽强抗击日军，使日军遭到重大挫折。日军虽然占领了武汉，但没有达到速战速决、追我投降的目的；另一方面，由于战区扩大，补给线延长，兵力不敷分配，日军从此陷入战争的泥潭而不能自拔，武汉失守以后，我国抗战也进入更加艰苦的阶段。

武汉会战时，制空权还在我军手中，当我在武汉外围前线采访时，都常夜行军，实践“披星戴月”，晚上，辨别道路和桥梁要十分警惕，否则容易掉队。十月卅日天清晨，我来不及洗脸就踏上军车从平江赶赴长沙，狂风大作，棚盖大雨，会合一次“借风沐雨”，一到长沙，我立即正在衡阳七十八号中国青年记者学会所办的“记者之家”，找到了范长江和陈侬非（集同志）等同志，他们告诉我，武汉失守前夕，武汉各报同事从容撤退，不愧是八路军武汉办事处和《新华日报》工作人员据来《新开阵》轮船团汇西撤途中，遇到范长江和陈侬非（集同志）同志陶难，听到这个不幸消息，我深感悲愤，立即向重庆报社发

是陪陆诒去见余将军的赵一肩参谋处长（19路军将士，是陆诒"一·二八"淞沪抗战时的熟人），向陆诒坦率详细地谈了广州失守的经过——失守的原因有三点：一是由于最高统帅部认为日军正全力进攻武汉，不可能另辟华南战场，故将广东部队抽调一空，结果日寇乘虚而入。二是驻防东江的莫希德师平时热衷于走私贩运，发国难财，根本不把抗战当一回事。日军登陆后，就顺着莫希德师的走私路线，直扑惠州和淡水，莫师望风溃逃，实际上当了日寇的向导。日军跟踪追击，一直追到广州近郊。三是省主席吴铁成一走了事，省政府瘫痪。各界没有组织抵抗，只在混乱中自顾自撤退，遂使日军于10月15日轻易占领广州，切断粤汉铁路，直接影响到武汉会战的大局。

陆诒从肇庆到梧州，进入广西省境。这里战争气氛强烈，社会秩序井然，敌机虽常来空袭，但军民镇定如常，奋发工作。跟广东对比，大不相同。1939年1月5日，陆诒回到桂林。第三天陆诒访问了广西省主席黄旭初。抗战时期他一直坐镇后方，支持李宗仁、白崇禧在前线指挥作战，又动员广西的人力、物力积极支援抗战。在谈话时，黄一再表示：此地物质待遇虽然差一点，但我们对抗战决心坚定不移。

1939年1月28日上午，陆诒参加了八路军桂林办事处举行的"一·二八"七周年纪念大会，同时欢迎香港九龙新界司机总工会捐献救护车的香港同胞代表黄光明同志。这个纪念活动还包括政治、文化和军事竞赛。人们用加紧学习的实际行动来纪念"一·二八"七周年，是极有意义的新事物。

会场四壁贴着八路军战士抒述的标语和墙报。墙壁上挂着马来亚森美兰华侨工人献给八路军和新四军的两面锦旗。民族抗战的烽火把海内外同胞紧紧团结在一起，共同奋战。

开会时，乡村中的农民与附近的友军，桂林各文化团体的代表都赶来了，还有许多附近的居民也来参加，把会场挤得满满的。

　　会议开始，由八路军桂林办事处主任李克农将军致词。他扼要地指出纪念大会的三点重要意义：一、欢迎长途跋涉来桂林捐献救护车的香港同胞工友。我们不仅要学习他们热爱祖国、艰苦奋斗的精神，还要努力打大胜仗，来报答他们对我们的关怀。二、举行各种学习竞赛，以提高学习自觉性，证明我们能够继承"一·二八"先烈的战斗精神，为中华民族解放事业而奋斗到底。三、我们和友军一块儿开纪念会，表现了我们全中国军队的团结。为了争取最后胜利，我们还要进一步加强团结，继续并肩战斗。

　　接着八路军代表吴奚如、吴志坚，新四军代表邱南章同志先后讲话。最后，那位押送救护车回来的香港同胞黄光明同志讲话："我们香港同胞从报章杂志上知道民族危机的严重，知道前方将士迫切需要救护。我们也是中国人，应该作出贡献。我们很穷，而且住处不定，但我们要救国家，经过三十六天的努力，募得港币四千元左右，除了购买一辆救护车，余款一半购买药品，一半购买防毒面具，献给英勇抗战的八路军。希望每个不愿做亡国奴的同胞，一起拿出力量，支援英勇抗战的前方将士，争取胜利。"

　　晚上演救亡戏剧。有活报剧《全国总动员》，有话剧《"左"右倾等。纪念会于晚上 9 时 30 分在全体高唱《义勇军进行曲》歌声中结束。

五

1939 年 2 月中旬，陆诒由桂林到达重庆。到达的第二天傍晚，重庆又遭三十架敌机轰炸，大量的炸弹、燃烧弹把整个山城烧得一片通红，焦臭熏天。沿江一带，呼儿喊娘之声惨不忍闻。

国民党宣传部借口几家报社被炸毁之由，命令各报人员集中办公，每天出一张联合版的报纸，以之实行新闻封锁。

周恩来同志及时告诉陆诒等报社记者：既不要为轰炸造成的困难所吓倒，又不要受国民党的欺骗。《新华日报》的同仁们，根据周恩来的指示，团结一致，在虎头岩下的山沟里造茅房、整山洞，把编辑部和印刷部等搬到了那里，并于 8 月 13 日顺利复刊。

5 月中旬的一天，周恩来在红岩咀八路军办事处，约《新华日报》总编辑吴克坚和陆诒去谈话，要求报社改订采访科工作计划。周恩来指示要明确本报特派记者的职责范围，不仅要做好采访报道工作，还要负责向同情己方的各界人士和各战线有名将领约稿，征求意见和建议，搜集各种参考资料。既要通过党的统一战线工作来开展采访活动，又要通过采访活动来宣传并巩固党的统一战线工作，决不能单纯为了完成报道任务而去采访。

由于陆诒对周恩来的指示理解不到位，工作计划没写好。周恩来审阅后，立即亲笔复信，除了严肃批评陆诒未把他的意见写进计划外，又补充了新的意见。这封信充分反映了周恩来负责和细致的工作作风。（此信现保存在中国革命历史博物馆中。）陆诒遵照周恩来的指示，修改了工作计划，得到批准后，积极努力贯彻执行。

6 月中旬，陆诒奉命赴第五战区（襄阳、樊城一带）、第一战区（黄河沿岸和中条山）、第二战区（太行山和五台山华北敌后抗日根据地）采

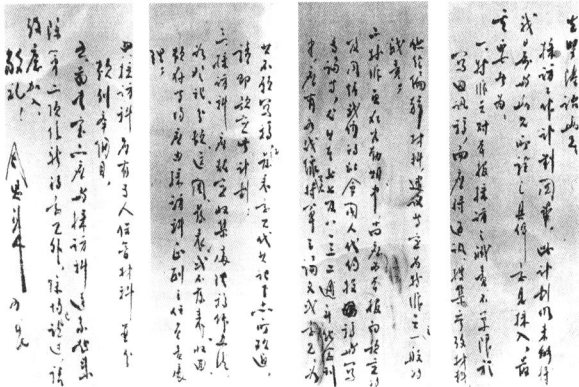

随枣战役

早在今年四月份，我军为了策应第九战区南昌方面的作战，曾由随县、枣阳前线派出一部分兵力，出击礼、应山与信阳，一连攻下七个据点，使日军发生恐慌。日军为了解除在武汉侧背所受到的威胁，曾调集四个师团和一个骑兵旅团的兵力，发动随枣会战，妄图进攻皇阳、樊城、围歼我军主力，但接战之初，在正面战场上遇到广西部队坚强的抵抗，而其两翼迂回又被我军拦腰痛击，结果包围歼灭战没有完成，反而遭到损失。

日军在随枣会战中受了挫折，现将原有部队调回后方整理，由新来的第三十三和三十四师团接防阵地，正忙于构筑防御工事，又要抽出部分兵力，回师扫荡我军在大洪山和大别山一带抗日游击部队。

目前，随枣前线是平静的，农民们都回到了曾经被日军骚扰过的农村，照常耕作，除了偶有有敌伪过境之外，很少有战争气氛。

现在我军一面坚守阵地，一面就地整训部队，上次随枣会战中万家店、七站店、塔儿湾等英雄战斗的事例，就作为训练新兵的最生动的教材。这里先报道几则战斗事例。

五月一日，日军使用三个中队的兵力，配有四门大炮，在襄阳码花园的公路上，向我军尖顶张阵地进攻，日军好几次以

访。出发前，周恩来又约陆诒长谈，他对这三个战区的政治军事情况作了深刻分析，并为陆诒一路上可能遇到的困难作了具体研究；还一再嘱咐陆诒，平时要把困难估计得充分一点，在思想上有所准备，这样才能战胜一切困难，取得工作上的胜利。

依照周恩来的指示，陆诒由重庆到达汉中。尽管敌机野蛮轰炸遍及汉中地区，但大批难民和技术工人到此后，经过工业合作协会的领导和推动，组织了淘金、机器、日用品、纺纱、制鞋、织袜、泥匠、木工、洗衣等各种合作社。合作社的创办不仅解决了民众的生活问题，还为社会增加了财富，也有力地支援了前线抗战。这足以证实，日寇的炸弹动摇不了中国人的抗战意志。

新西兰友人路易·艾黎先生曾为着这场"合作社"运动殚精竭虑，做出卓越贡献，这是中国人民永远铭感难忘的。

从汉中到宝鸡的途中，陆诒在双石铺小镇遇到了从重庆出发去新疆的电影界赵丹、王为一和徐韬等朋友。谈天时，赵丹对陆诒说，文化人大都集中在重庆，反动派对我们总是另眼相看，工作不易开展。所以，他们抱着满腔爱国热情去新疆做文艺工作。想不到，后来他们都受到了盛世才的残酷迫害。

7月3日，陆诒到了灵宝，距灵宝车站一里的那座铁路大桥已被日军

用两百多发炮弹轰毁了。四千多民工正在这里开山筑路，准备再造一座便桥，以使铁路通车，一位铁路员工告诉陆诒："对岸日军的炮击，决不能阻碍我们陇海路的通车！"

陆诒从灵宝辗转到了湖北的老河口，在那里，他访问了李宗仁将军，将军向陆诒讲述了第一次随枣会战的总体情况。随后，陆诒到前方实地采访，报道了我官兵顽强战斗的故事：

5月1日，日军用三个中队的兵力和大炮，向尖顶庙阵地进攻。刘焕发副连长带领一排人守卫阵地，沉着应战。激战到下午，刘连副和大部分战士光荣牺牲，只有三人负伤回来。日军伤亡两百多人才占领这个据点。

5月5日，日军用炮兵、步兵、战车全力猛攻塔儿湾，罗坤连长只带了一个连人守卫阵地，消灭敌军四百多人。傍晚日军又来一次冲杀。已伤亡2/3的我军，仍奋起反击，跟日军展开白刃战，将日寇击退。罗连长在反击中英勇牺牲。这个以不怕死，不要钱出名的青年被誉为模范连长。

同一天，扼守梁家畈的我军一班人，经过与日军的激战，只剩下轻机枪弹药兵陆火养一人。当敌人冲进阵地时，他揣起机枪向日军猛烈扫射，一连打死十多个敌人，自己也中弹阵亡。

徐家店的农民杨志清，母亲被日军杀害，他主动做向导，引导我军抄近路追击日军。少年杨小楼和几个农民时常埋伏在麦田里袭击溃退之寇，屡屡获胜，吓得日军龟缩壳中，不敢露头。

枣阳城里军民相处融洽，生产、买卖照常进行，市面繁荣。前线还有这样热闹的集市，是大后方人所想不到的。

1939年7月底，陆诒到宜城，遇到18架敌机狂炸，在投下一百多颗炸弹的同时，还散发汪精卫主张屈辱投降的传单。第二天陆诒访问了正在宜城整训部队的张自忠将军。将军向陆诒提意见说："报纸刊物对鼓舞前线士气，作用很大。前线部队对文化食粮的需要，其迫切程度不下于弹药和给养。长期看不到后方的报纸刊物，这是亟待解决的问题，特提出呼吁。"陆诒还观看了将军亲自训练基层干部的过程：先点名，再逐个问伤在何处？凡子弹从胸前穿进的，就叫他们站在前几排。将军逐一抚摸他们光荣的伤痕，向他们亲切慰问。训练结束，整队集合后，将军常用一问一答的方式激励士气。

1939 年 9 月，陆诒第二次进入山西战场，再次访问了卫立煌将军。在纵谈山西战局时，将军对陆诒说："打仗离不开天时、地利与人和这三个条件。而三者之中尤以人和为首要条件。在这点上，我军对八路军在山西全力团结并配合友军作战深表敬佩。"

卫将军接着说："我军有一次遇到日军包围，即以无线电向友军求援。不久，八路军一个团杀入重围，救我出险。事后知道，战斗是朱总司令亲自指挥的。我从山西战场撤下来，路过延安，还受到毛泽东先生和党、政、军各界的欢迎款待，这种场面使我非常感动。"

当晚，陆诒在卫立煌将军的驻地访问了邓小平同志。邓小平同志认为陆诒的工作很有意义。对张自忠和卫立煌，要表扬，要团结，团结坚持抗战的人越多越好。9 月 6 日一早，陆诒随邓小平、卓琳和其他随行干部一起出发。

第一天只走了五十里，山路崎岖难行，有一段路只能单人通过，牲口得有人小心翼翼牵着走，否则就有滑倒的危险。第二天经过的乡村路上，常会碰到儿童团员手执红缨枪在村口站岗放哨，盘查行人的路条，非常认真。

过平顺县境，走到浊漳河边，正逢山洪暴发，后在农民的引导下，选定河水最浅处徒涉。大家脱掉鞋袜走过去，水深处齐胸部，军服都浸湿了。北方秋天水很冷，上岸后，陆诒全身战栗不已。

9 月 15 日晚上的任务是穿越封锁线。当队伍逼近封锁线时，战士们紧握上了刺刀的步枪，其他同志紧握手榴弹跑步前进，周围寂静无声。过公路时，有六人掉队，陆诒也在其中。担任指挥的青年副连长走在最后，他借北斗星辨别方向的办法，带领六人继续行进了一小时，就和前面的队伍会合了。

翌日傍晚，队伍到了桐峪镇，陆诒即随邓小平同志到师部访问战略家刘伯承将军。走进刘伯承房间时，他正在校对他的译著《苏联步兵操典》。刘伯承起身和陆诒握手，并吩咐警卫员去通知李达参谋长、蔡树藩政治部主任，一道来参加晚餐。进餐时，站着、蹲着，都可以。

晚饭后，陆诒约刘伯承谈谈，刘伯承体谅他连续行军很辛苦，让他早点休息，还让他第二天参加师部举行的"九一八"纪念会之后再走。

第二天上午，陆诒参加了"九一八"纪念大会。晚上，在露天广场上，汽油灯光下观看文娱节目。这里没有首长席位，军民一起席地而坐。

9月19日上午，陆诒骑着将军给的马，和刘伯承同志、邓小平同志一起动身去八路军总部开会。

在去八路军总部的路上，陆诒同刘、邓二位同志到医院看望慰问了伤病员战士，到枪炮修械所看望慰问了技术工人。第三天中午到达总司令部，午后去了《新华日报》华北版驻地，见到了后来牺牲于华北敌后战场的总编辑何云和工作人员黄君钰同志。

第四天，访问了刚回到司令部的彭德怀同志。彭德怀同告诉他，这次日军进攻晋东南分三个阶段，通过三个阶段的调兵布置，将晋东南广大地区分裂成一个"田"字形的方块，后分区扫荡，妄想彻底摧毁我抗日根据地。

在过去的两个月战斗中，庞炳勋所部在天井关一战，一举克复晋城。中央军刘、陈两部与日军激战于阳城、沁水之间，歼敌甚众，使占领高平、阳城之敌狼狈逃去。八路军更以英勇、机动的战斗，大量消灭敌人，吸引日军向北移动。其中尤以辽县（今左权县）和石匣的战斗以及收复武乡、榆社的战斗最为出色，日军这次"扫荡"不但未能成功，反而付出了重大伤亡的代价。

遵照彭德怀同志的嘱咐，陆诒专程访问了左权将军。

华北是我国最富有战略意义的地方，也是我们将来实行战略反攻时最重要的根据地，坚持华北敌后抗战，是当前最迫切的中心任务。

经过一年恶战，日军伤亡很大；新建部队多为后备兵员素质更差；日军厌战反战情绪也在日渐增长。尽管日军对我敌后根据地实施了多次扫荡战，但失败居多，战斗力已经减弱。而我敌后根据地依然屹立。

反"扫荡"战斗中，我们的新兴部队增加了很多，新部队是从群众中产生的，在战斗中壮大的。所以最懂得军民合作的重要性，最能取得群众的全力支援。也就是说，我们的抗战内在力量大大强化了。

展望未来，敌人在军事上"整肃讨伐"、政治上"以华制华"，经济上"以战养战"的基本方针不会有变更，但将更疯狂更残酷。我们呢，坚持华北敌后战斗、巩固抗日根据地的基本方针不变，战略战术的指导原则也不变。我们的困难是：敌占区扩大，我大兵团机动作战将更困难；各地区被日军封锁隔绝，互相策应有困难；由于敌人封锁，物资补给较前困难。但我军基本阵地仍能保持，敌人企图消灭我有生力量是不可能的。

陆诒到《新华日报》华北版编辑部的第二天，朱总司令请他和华北版的领导何云、陈克寒及左权将军一起共进便餐。席间，朱总司令谈了日军的新阴谋，指出日军现在用公开招降与秘密诱降相结合的办法，企图达到"速和速结"以灭亡我国的目的。军事上，调兵遣将全面扫荡其后方，期望达到"治安肃整"的任务。在政治、经济方面，提出了"以华制华"与"以战养战"的口号。这种新阴谋，值得我们注意。

以华制华有多项事实：如伪装我军、我政府机关工作人员和群众团体负责人，四处骚扰；公开致函招降我高级军官；挑拨我国内部关系；捕捉青年儿童去受奴化教育；贩卖毒品；开设赌场，等等。以战养战有下列事实：日军到处掠夺民间财物，凡储金、粮食、桌椅、门板以至茶具都被抢劫一空，即使是民间的破铜烂铁等也无所不要。这样，日寇就可以大量倾销日本货物。

朱总司令最后表示，究竟谁能战胜谁，应该说在华北战场看得最清楚。因为中日双方未来战略上决战的胜负，取决于今天敌后战场上政治的、军事的、经济的、文化的全部斗争的成败。

六

1939 年 10 月 10 日，陆诒告别《新华日报》华北版的同仁们，到冀南、冀中、晋察冀和平西抗日根据地去采访。同行的有东北军原学生队队长康博缨和农林教授张克威。

晚上宿营时，康博缨对陆诒说：1936 年 11 月中旬，日伪军进犯绥远，学生队全体同学坚决要求参加抗战。张学良将军接见了全体同学，他恳切地说，他自己身上压着国难家仇，要求抗日的心情和大家一样。但是我们抗日不能只凭少数人一时血气之勇，必须举国上下一条心，才能把日本兵赶出中国。现在需要解决存在的问题。希望大家信任他，他一定要促成一致抗日。说很快，也许就在最近，大家就会看到他的行动。

历史的事实证明，张将军是恪守信用的。

第二天，陆诒跟着护送部队继续前行，沿途看到各地都有妇救会、青救会、农救会、儿童团和人民自卫队等群众组织，内心非常振奋。当地农民告诉他，每当日寇出来骚扰时，自卫队、游击队、部队会很快接到情报，有充裕时间迎击敌人。夜里他们挖沟破路，使日寇的机械寸步难行。他们还常常夜袭日伪据点，使日伪不敢离开据点半步。他们将可能被日军利用固守作据点之用的建筑物，彻底撤除。群众筑造成的铜墙铁壁，遍地燃起的抗日烽火，使日寇的"治安肃整""以战养战"的目的彻底破产。

10 月底，陆诒在南宫县农村中访问了冀南行署主任杨秀峰。抗战前，他是著名的学者教授。抗战爆发后，他投笔从戎，在冀南平原坚持抗日游

跟吕正操夜行军

一九三九年十一月二十五日拂晓，我踏着尺许深的积雪，到平汉路边正定县附近的一个小村庄访问冀中军区司令员吕正操将军。他正在屋子里烤火，见面时他非常高兴。他说，"在敌人后方打了两年仗，还是第一次见到大后方的新闻记者访问这里来。"

他也就三十多岁，朝气蓬勃，体格健壮，穿一套朴素的灰布军服，跟一般战士一样，头戴一条灰色土布的小便帽，外表同八路军普通的战斗人员一样，抗战爆发后，曾在永定河边打仗，因国民党军队败退南退时，他们与当地组织失去了联系，在情况错综复杂，他就举办这个与敌人后方挺进，据点有深泽、安国、任县、河间、献县、安新、高阳等地的伪组织，建立各县的抗日政权，发动群众，坚持敌后游击战争。

他先同我谈到平原游击战争的特点，他认为在平原上作战，对敌人讲，它固然便于进攻，但我们也便于机动转移，有回旋的余地。在平原上敌人后方的山区县越距敌军较远，敌军出动不便。但这种说敌军哪能来袭击战的，在平原上，当敌军兵力分散时，要相包围所不到困难的，我们想在平原上包围敌军当然也有，但当敌军兵力分散而我们处于绝对优势条件下，同仍可以包围和歼灭它。山地游击战是"点与线"的斗争，敌军只占有据点和几条交通线来攻我们，而我们可以

冀中访程子华

在日寇据点密布，交通线围绕的平原上，冀中地区军民两年来坚持游击战争，这在古今中外战争史上是罕见的奇迹。我在深泽县的一家农舍中访问冀中军区的程子华将军，他向我介绍了群众性游击战的情况。

他说，"不脱离生产的人民武装自卫队是一种广泛的群众组织，现在冀中人民参加自卫队组织的共有几十万人，每村有自卫队分队，每九个村联合起来成立中队，中队之上还有大队、县队、总队直接由县政府领导，在日军"扫荡"之前，自卫队执行放哨、防匪、除奸、通讯和游击等任务，随着日军加强"扫荡"城镇完全失陷，战争环境更加严峻，自卫队的斗争方式也随之改变，改为暗岗放哨，将武器隐藏起来，在村外巡查，执行战斗任务，除了自卫队之外，每村还有游击小组，人数自三、五人至十多人，他们自带土枪、土炮、大刀和红缨枪等武器，装扮成小商小贩，利用熟悉地形、情报灵通等有利条件，经常配合战斗作战。

"举例来说，当日军"扫荡"通过敌慕至安格前时，自卫队员的警戒放哨有据，掌握了日军动态，便敌军对逃走敌人执行严密的射击，偶阻敌的退行军向某县军被某敌剿时，村内游击小组便到了先导的汉奸，每日日军进村时，群众早已在游击小组掩护之下，安

军民奋战在冀南

冀南平原抗日报据地处位于华北敌人腹地，北可俯接冀中，直趋平津，东西两端则控制着两条重要交通命脉——平汉和津浦铁路，正因为地理位置重要，这里就成双方所进行的军事、政治、经济和文化的斗争异常尖锐。

军事上，日军对冀南的进攻，始于去年（一九三八年）十一月，不久即为我军击退。第二次"扫荡"从今年（一九三九年）一月开始，到去年小半年期间的兵力，先以主力攻占各个城市铁路线，又在三月间继续增兵，实行分区"扫荡"。在战术上，日军采取奇袭、夜袭等方式，但由于我军、政、民各方面的密切配合，灵活作战，日军不仅没有达到"消灭肃清"的目的，反而遭到很大的损失，在春季反扫荡战中，我军的数量和质量都有提高，地方政府也在战斗中逐渐了太平观念，进行破坏工作，使敌伪机构得到斗争作用民间，离近了抗日根据地的基础。冀南的中、小城市则已全部为日军占领，广大乡村则为我军所有，日军不仅强迫沦陷区的农民和乡村居民向政府完粮纳税，有的因压还强迫密到敌军的阵前劳役部队。

政治上，在日军占领据地这来委派汉奸工作、或使人们去当为汉奸或告密者工，继续组织新组合等以好团体，交给出民军，实行保甲制度，加强反动组织，又勒索地主士绅，威胁并诱追组织地方维持会或伪县政府，在铁路和主要公路的两侧，强迫村民

击战，真是位了不起的志士。

杨主任对陆诒说："我是刚从战争中学习战争，对军事方面还是外行。军事方面你可以找副主任陈再道将军多谈谈，我只能谈点政权工作。"

杨主任接着说，现在冀南的专员都是民选的，县长民选的已有二十多个县。最近在普选村长，这是实行民主政治的基础。有人认为在敌后游击战争的环境中要实行民主政治是很困难的，可是战争的现实告诉我们，只有实行民主，大力开展群众运动，才能提高广大群众抗日的积极性和责任心，坚持敌后游击战争。

11月5日，陈再道将军派骑兵护送陆诒通过南冀公路，当晚进入束鹿县境。

在深泽县的一家农舍里，陆诒访问了冀中军区的程子华将军。将军向陆诒介绍了群众性游击战的情况，他说——冀中每村有自卫分队，每九个村联合起来成立中队，中队之上还有大队、总队，总队直接由县政府领导。在日军"扫荡"之前，自卫队执行放哨、防匪、除奸、通讯和游击等任务。随着日军加强"扫荡"城镇完全失陷，战争环境更加严峻，自卫队的斗争方式也随之改变，改为暗岗放哨，将武器隐藏起来，在村外巡查，执行战斗任务。除自卫队之外，每村还有游击小组，人数自三人到十多人，自带土枪、土炮、大刀和红缨枪等武器，装扮成小商小贩，利用熟悉地形，

大治河

135

情报灵通等有利条件，经常配合我大军作战。具体战例多得说也说不完。有些我政权工作尚未开展的日军占领区，地方游击队总是作为先锋首先打入该区，积极发动群众，建立抗日政权。

在这两年多敌后抗战中，地方武装游击队建树了光辉的战功，形成了真正的人民战争。

1939 年 11 月 25 日清晨，陆诒到正定县的一个小村庄访问了冀中军区司令员吕正操将军。吕将军原是东北军的团长，抗战爆发后，曾在永定河边作战，后和其他部队失去了联系，他就率领这个团向敌人后方挺进，摧毁了深泽等八个县的敌伪组织，建立了各县抗日政权并发动组织群众，坚持敌后抗日游击战。

吕将军同陆诒谈了平原游击战争的特点——山地游击战是点和线的斗争，敌军只占有据点和几条交通线进来进攻我们，而我们可以从广大的面去打击敌人的点与线。平原游击战是点与面的斗争，孤立并压缩敌人的点，用我们的面去包围他们。平原游击战的紧张性和普遍性，迫使我们随时随地都要做好战斗准备。坚持平原游击战困难很多，同时也要看到有利条件：（一）平原上有丰富的人力和物力，而且群众文化水平较高，容易发动组织，发挥人山人海的威力，这是个主要条件。（二）一定要靠实行民主政治，改善民生，来提高民众对抗战的积极性与责任性。（三）不断攻击交通线，彻底破坏道路，既可限制敌人行动的速度，增加他们的消耗，有时还可以叫他们寸步难行。（四）日寇兵力不足与分散，2 年来始终无法改变这个弱点。总之我们的抗战必定能胜利！

鹅毛大雪，积雪盈尺。28 日晚上，陆诒随去边区开会的吕将军踏上了新的征程。路上，护送队的营长对陆诒说：贺老总每次同我们一起过同蒲路和平汉路时，总是咬着板烟斗，亲自断后，站在铁路线上，指挥大队人马秩序井然地通过封锁线。他率领的 120 师主力在冀中平原作战时，老百姓都称他是"活龙"。

途中，陆诒访问了抗大分校校长罗瑞卿将军，随后同他一起到了120师师部。到师部后，陆诒访问了政治部甘泗淇主任。第二天，陆诒同贺老总、关向应政委，进行了长谈。

贺老总说，抗战以来，我们同晋西北的关系最深。抗战初期，我们曾派出一个支队，深入雁北，收复平鲁和右玉，开展雁北地区的游击战争。我们还参加忻口战役，有力地配合友军卫立煌将军部队，正面阻击敌人。太原失守后，我们曾在太原以北切断同蒲路，配合友军作战，阻止敌人南下风凌渡。日军第二次进攻晋西北时，曾连陷五寨、宁武等县城，阎锡山部队兵败如山倒。经过我军一个多月的浴血奋战，才收复失地。

第五天上午，陆诒随贺老总、关政委、罗校长一起去某团观看运动会。先看打靶比赛，接着看全副武装的爬山比赛。关政委告诉陆诒，作战时，跑得快与不快，有时候是胜败的关键。1938年4月，我们刚到冀中平原河间县的齐会村时，遇到三千日军突然袭击。贺老总立刻下令调了七个团加上地方游击队，以迅雷不及掩耳的速度，来个反包围，歼灭日军七百多人，创造了平原游击战集中优势兵力歼灭敌人的光辉战例。

陆诒与贺老总告别时，相互交换了照相机。1939年底，陆诒在城南庄收到贺老总的亲笔信，信中还附有一张他签名的在前线指挥作战的珍贵照片。

豪迈风趣的贺龙

从晋察冀边区阜平县的城南庄八路军一二〇师师部出发，骑马奔走三天，十二月的一天，我在大雪纷飞中骑马出发，走了两天，路过抗大分校的驻地，就碰到罗瑞卿同志。一九三七年十二月我到延安时，他曾热情地引导我参观抗大，这次在华北敌后战场访问他，格外亲切。他闻我行进目的地和从晋东南一路军总部出发后的经过情况，知他确实忙碌，他非常高兴地告诉我："既然你这次想到一二〇师部去见贺老总（指贺龙将军），那明早就同我一起走，我有事也要到一二〇师部去。"

我离开重庆的时候，《大公报》记者恽子冈同志托我带一封他给延安的关于抗大学习的趣事影印件，不知他是否还留在大分校到晋察冀边区？我向罗瑞卿同志打听影印邮件，他说："可以请子冈给我来，如果他在这里，当晚就可以叫他来同你见面，借我这间交谊室给你们。"

罗瑞卿同志招待我共进晚餐，餐后继续谈话，一会儿，影华同志来了。他果然还在这里，能身穿军装，朝气蓬勃，在这里成长。许多生活都非常愉快，叫家属安心。

第二天下午，我陪罗瑞卿同志到第一二〇师师部，贺龙将军立刻热情地接待我们。

山村出版《挺进报》

在平西萧克将军的司令部里只住了两天，又踏上征途，途中，我曾经一个团都去参观访问，并在团部吃了一顿以玉米为主食的中饭，我发现全体指战员同吃西餐根，他们按照规定，严格彼行节食。前方作战的部队每人每天只吃玉米面，如果有小锅吃小米一斤半，后方的部队每人每天只吃玉米一斤半，军队馋体素质生活的困难，历行节食，疏食少见的。

陪我参观的那位连指导员刘同志，二十二岁，陕北人，非常朴素，坦率，他对我说，"在敌人后方，敌军占领了大部分交通要道和重要城镇，我军散布在广大的乡村和农民生活在一起，我们吃什么，群众看得见；面群众吃什么，我们也清楚。我们坚持敌后的抗日游击战争，首要的条件是要有广大群众的支持和合作，这就很容群众的帮助。生存都会发生问题，更谈不到发展壮大了。"

平西抗日游击战争根据地总面积有一万五千平方里，其中可耕地仅有十万五千七百多亩，人口也只有十五万人，山多田少，地瘠民贫，所生产的粮食，即使丰年也不够吃半年，还有半年靠副业赚输出去贩和牙里去挨。去年过过夏荒来头，粮食恐慌更加严重。眼近征检文工作为放军占领，放军对我严密封锁，为了解决这个严重的粮食困难，我军必须经常向外线去打仗，从敌

子弟兵打出了威风

从一九三九年十二月，到一九四〇年三月，我先后在晋察冀边区巡视的时间约三个月，特记这几件亲历的事实作为采访所得的印象。

三九年十二月，我随一二〇师骑兵营从冀中平原越过平汉路进入边区时，给我深刻的印象是，战地群众组织非常严密，群众力量很伟大，即使是由队员，男女自卫队员和儿童团员都认真执其任务，路疏查得非常严格，遇到不识字的人，他们还要教你认识两个字或者为你朗诵一遍《国民公约》，如果你是一位公务人员或者是民运工作干部，他们毫不客气要你背诵《国民公约》十二条，如果背不出或是背错了，将会受到友好的嘱咐，在村的墙壁上都贴有《国民公约》，可是当他们还没有走满六十里路程时，又被我们站岗的自卫队员给了拦来。

当我走上灵寿军临附地的大路时，能看要到三、六十个青年，前拟一幅一幅的舞弄从供给机关选到那妥门，在行的前后，找不到有一个人用品，但他们走在路上并不爽惊，整夜有人去了提行囊之大官。我随过国民党使途远方军中奉作为采访的老给敏，大概五、六十人的运输队，至少有一百头样的，我曾以好奇的口吻向他们押送的同志在哪里，我想找他谈谈。他们

到晋察冀军区后，陆诒访问了聂荣臻司令员和聂鹤亭参谋长。将军详细地谈了1938年冬季我军粉碎日军"扫荡"的战斗经过——1938年冬天，日军先后调集了近两万人的兵力大举"扫荡"晋察冀边区。战役开始于10月25日，结束于12月8日，历时四十三天，大小战斗达一百零八次。结果是，日军不仅没有摧毁我抗日根据地、消灭我主力部队，反而损兵折将，遭到重大的损失。

在阜平的城南庄，陆诒还见到了全国各界救国会领袖李公朴先生和他率领的青年战地服务团全体同志。晚上，陆、李两人彻夜长谈。

李先生说：最近晋西北有人闹摩擦，同八路军不真诚合作，这值得注意。接着，李先生讲了晋南和晋西北军民抗战的故事，大至山西战局形势，小至一村一事，先生都有细致的调查研究和独到的见解。

"公朴先生在华北敌后战场过的紧张战斗生活，不是每个人都过得惯的，但李先生坚决走上前线，踏踏实实做战地服务工作，和青年同志一起经受战火的锤炼，真是一位值得尊敬的救国领袖。"陆诒是用这样深情颂扬的笔调来结束他的报道的。

1940年2月1日上午，陆诒在北平宛平县的马栏村，访问了坚持冀察热边区抗战的萧克司令员。

谈话开始，日机就来了。两人刚避入山洞，就听到撕绸子似的声音由远而近，紧接着就是天崩地裂的巨响，轰炸持续达十分钟之久。之后，两人继续谈话。1938年6月宋时轮、邓华支队已挺进平北与冀东，同年7月在李运昌等同志领导下，举行了冀东七县的起义，在十七个县境内开展了大规模的游击战，给敌人以沉重打击。

在平西十三陵附近，我军仍纵横驰骋疆场于日军的各个据点之间，坚持战斗。热河边境，我军已站稳脚跟，现正在全力发展中。平西周围，我军在群众支援下，坚持抗日游击战。今年6月，我军攻占平西的北窖，彻底破坏了高线公司，迫使敌人从良乡到红煤厂来往的运煤的高线铁路至今不能通车。

萧将军还告诉了陆诒，他在利用战斗的间隙搜集资料，准备在战后创作小说。

在萧司令处住了两晚，陆诒又踏上了归途。途中，他访问了《挺进报》社社长管舒予。管社长告诉陆诒：《挺进报》是平西出版的三日刊，一部分行销敌占区，影响很大。据北平来人说，留在北平的同胞偶然看到《挺进报》，知道我军就在近郊坚持抗战，觉得有了前途，有了指望，心情一下子好了起来。现在，我们每人随带两颗手榴弹，跑敌占区的记者还带手枪，准备随时投入战斗。由于本地产粮不能自给，加上日寇封锁，当前军民吃粮有困难。部队后方人员每天每人的定量只有玉米1.5斤，生活很艰苦，但大家精神充实、斗志昂扬。陆诒听后，深受感动，他在通讯中赞扬说："他们这种艰苦奋斗为抗战服务的精神，实是我们新闻界同业中的模范"。

行进途中，陆诒在一个荒僻的乡村里，访问了平西公署专员杜柏华。杜专员原是哈尔滨的名医，"九一八"事变后，参加东北义勇军，辗转各地，至今还坚持在平西参加抗日游击战。

在这里，八路军一边顽强地抗击日寇一边认真抓好文化教育工作。现在，各县都有开办了小学、中学、民众夜校，计有学生八千多人。

在随营学校过夜时，陆诒同军民一起观看了学员表演的活报剧。

在1940年2月的陆诒通讯中，有两件事给人印象极为深刻。

一是阜平县的抗日民族统一战线工作特别好。老百姓评论说，此地不仅党和党之间的关系处理得融洽，而且与少数民族和宗教界，包括五台山寺院的和尚、喇嘛庙的喇嘛都团结得很好。敌人的挑拨离间遭到彻底失败。

二是晋察冀边区敌工工作特别出色。部队建立了自连队而军分区的敌军工作部。由留日学生教青年干部学日语学唱日语反战歌曲。经过训练的青年到部队后，再教指战员，使指战员成了宣传员。

在上下鹤山战斗中，被俘的日军士兵说：战斗持续了两天一晚，最后在苍凉的月夜，听到中国军队在四面山顶上唱日语的反战歌曲，号召我们弃械归顺。后来，他们喊着反战口号，跑到中国军队阵地上与八路军热烈握手。大龙华战斗中，二十多个日军随我军喊话而投诚。而我军则把俘虏放回去。回去的日本士兵向同乡传述中国军队优待俘虏的事实。这样一来，影响很大，有的日本士兵，把我军所印发的反战宣传单和通行证藏在身上，以便行动。

井陉和获鹿两县的沦陷区里，流传着群众英勇抗敌的故事。

马国琳和张晚义，过去都是不务正业的人，村里人对他们侧目而视。但当日寇烧杀到他们村上时，他们就将土炮架在危崖上阻击日军，连发十几炮，杀伤敌人十五名，村里人称颂他们是"好小子""神炮手"。马国琳在一次战斗中英勇牺牲，张晚义则参加了井陉游击支队，继续战斗。

正丰煤矿被日寇侵占，工程师高先时组织一百多人举行起义。在击毙日伪矿警多人、彻底破坏矿内机器后，率领大家参加井陉游击队。他们熟悉煤矿的地形和情况，经常袭击煤矿，迫使敌人不能正常生产，迫使敌人"以战养战"的战略破产。

平山县王家店自卫队员四十多人，在妇救会会长张老太带领下，配合八路军，经过三天三夜激战，最后收复了日军盘踞的温堂。

正丰煤矿工人韩志忠和康镛威、李士珍等组成游击小组，潜入井陉煤矿，用煤铲砍倒两个日本监工，并把他们押解到井陉游击支队。老韩现在已成美名远扬的工人领袖和智勇兼备的指挥员。

在雪夜行军途中，陆诒还认识了一位银髯飘拂的老村长。他是天津国术馆中的拳教师，精通武术。抗战回到家乡，送两个儿子参加八路军，自己留在村里做抗战工作。

在井陉县吴锡彤县长的那间破旧茅草棚里，吃了黑豆掺榆树叶馍馍后，陆诒继续冒雪赶路，于 3 月 14 日回到八路军总部。

第二天，陆诒访问了彭老总，这是他第四次访问彭老总了。彭老总对陆诒说，1939 年上半年自己也到过冀南，专程去访问鹿钟麟将军，想同他协商在华北敌后战场进一步团结抗战的大局，但没有见到。

陆诒是最早深入华北敌后采访的记者，也是报界中访问中共领导人最多的一名记者。陆诒关于华北敌后抗战的报道登出之后，引起了全国读者的热烈反响。

七

1940 年 10 月《新华日报》派陆诒去云南采访。10 月 2 日，陆诒访问了云南省政府主席、军委委员长、昆明行营主任龙云将军。刚坐定，龙将军就向陆诒叙述说——

9 月，日军进军越南河内，10 月份就空袭昆明。我们早有准备，所以减少了伤亡损失。云南人都是硬骨头，我们绝不会在任何暴力面前屈服。这次滇越边境民众踊跃从军的事实，就证明我们的抗日之意志坚定不移。

日军口口声声喊南进，要独霸南洋，这恐怕还是表面现象，是一种策略姿态。它当前真正的目的，是想从越南和泰国边境进攻缅甸，切断滇缅公路，这倒是我们必须严加防备的。

谈到这里，龙将军说：1937 年 8 月，我和朱玉阶兄（朱德）从汉口同机飞赴南京，出席最高国防会议，当时举国一致公认，只有团结抗战才能挽救民族危机。时至今日，巩固团结还是首要任务。云南军民愿全力以赴，为坚持抗战坚持团结而奋斗到底！

最后，将军以关切的口吻询问朱总司令和八路军在华北敌后抗日的情况。陆诒用所见所闻的事实予以相告。

11 月 3 日，陆诒访问了辛亥革命老前辈李根源先生。

李先生对记者说：现在，日寇要动摇我们的抗日意志，妄想早日结束侵华战争，然后放手南进，称霸太平洋。我向龙云建议，不仅要防滇越边

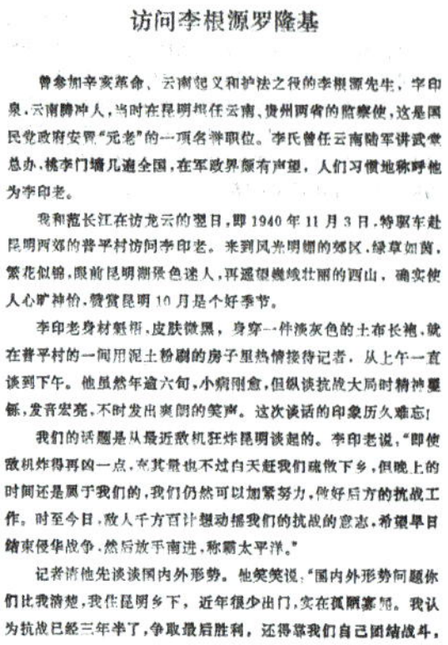

访问李根源罗隆基

曾参加辛亥革命、云南起义和护法之役的李根源先生，字印泉，云南腾冲人，当时在昆明担任云南、贵州两省的监察使，这是国民党政府安置"元老"的一项名誉职位。李氏曾任云南陆军讲武堂总办，桃李门墙几遍全国，在军政界颇有声望，人们习惯地称呼他为李印老。

我和范长江在访龙云的翌日，即1940年11月3日，特驱车赴昆明西郊的普平村访问李印老。来到风光明媚的郊区，绿草如茵，繁花似锦，眼前昆明湖景色迷人，再遥望巍峨壮丽的西山，确实使人心旷神怡，赞赏昆明10月是个好季节。

李印老身材魁梧，皮肤微黑，身穿一件淡灰色的土布长袍，就在普平村的一间用泥土粉刷的房子里热情接待记者，从上午一直谈到下午。他虽然年逾六旬，小病刚愈，但纵谈抗战大局时精神矍铄，发音宏亮，不时发出爽朗的笑声。这次谈话的印象历久难忘！

我们的话题是从最近敌机狂炸昆明谈起的。李印老说，"即使敌机炸得再凶一点，充其量也不过白天赶我们疏散下乡，但晚上的时间还是属于我们的，我们仍然可以加紧努力，做好后方的抗战工作。时至今日，敌人千方百计想动摇我们的抗战的意志，希望早日结束侵华战争，然后放手南进，称霸太平洋。"

记者请他先谈谈国内外形势。他笑笑说："国内外形势问题你们比我清楚，我住昆明乡下，近年很少出门，实在孤陋寡闻。我认为抗战已经三年半了，争取最后胜利，还得靠我们自己团结战斗，

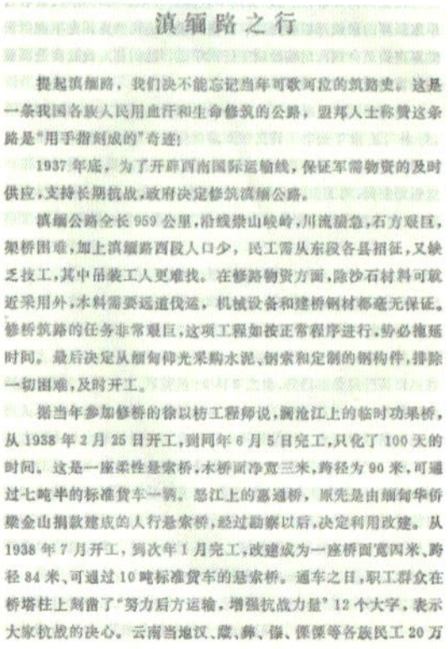

滇缅路之行

提起滇缅路，我们决不能忘记当年可歌可泣的筑路史。这是一条我国各族人民用血汗和生命修筑的公路，盟邦人士称赞这条路是"用手指刻成的"奇迹！

1937年底，为了开辟西南国际运输线，保证军需物资的及时供应，支持长期抗战，政府决定修筑滇缅公路。

滇缅公路全长959公里，沿线崇山峻岭，川流湍急，石方艰巨，架桥困难，加上滇缅路西段人口少，民工需从东段各县招征，又缺乏技工，其中吊装工人更难找。在修路物资方面，除沙石材料可就近采用外，木料需要远道伐运，机械设备和建桥钢材都毫无保证。修桥筑路的任务非常艰巨，这项工程如按正常程序进行，势必拖延时间。最后决定从缅甸仰光采购水泥、钢索和定制的钢构件，排除一切困难，及时开工。

据当年参加修桥的徐以枋工程师说，澜沧江上的临时功果桥，从1938年2月25日开工，到同年6月5日完工，只化了100天的时间。这是一座柔性悬索桥，木桥面净宽三米，跨径为90米，可通过七吨半的标准货车一辆。怒江上的惠通桥，原先是由缅甸华侨梁金山捐款建成的人行悬索桥，经过勘察以后，决定利用改建。从1938年7月开工，到次年1月完工，改建成为一座桥面宽四米、跨径84米、可通过10吨标准货车的悬索桥。通车之日，职工群众在桥塔柱上刻画了"努力后方运输，增强抗战力量"12个大字，表示大家抗战的决心。云南当地汉、藏、彝、傣、傈僳等各族民工20万

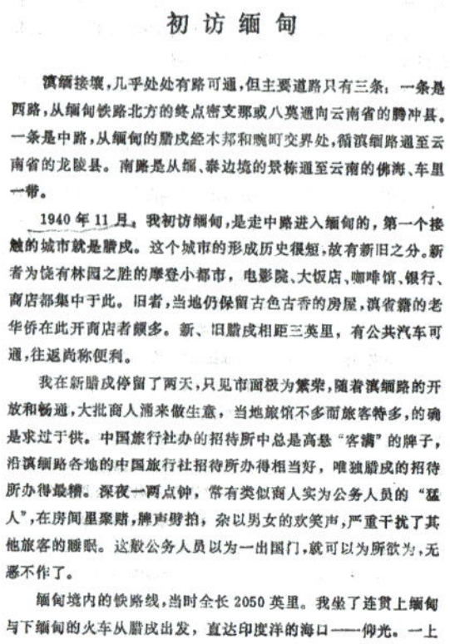

初 访 缅 甸

滇缅接壤，几乎处处有路可通，但主要道路只有三条：一条是西路，从缅甸铁路北方的终点密支那或八莫通向云南省的腾冲县。一条是中路，从缅甸的腊戍经木邦和畹町交界处，循滇缅路通至云南省的龙陵县。南路是从缅、泰边境的景栋通至云南的佛海、车里一带。

1940年11月，我初访缅甸，是走中路进入缅甸的，第一个接触的城市就是腊戍。这个城市的形成历史很短，故有新旧之分。新者为饶有林园之胜的摩登小都市，电影院、大饭店、咖啡馆、银行、商店都集中于此。旧者，当地仍保留古色古香的房屋，滇省籍的老华侨在此开商店者颇多。新、旧腊戍相距三英里，有公共汽车可通，往返尚称便利。

我在新腊戍停留了两天，只见市面极为繁荣，随着滇缅路的开放和畅通，大批商人涌来做生意，当地旅馆不多而旅客特多，的确是求过于供。中国旅行社办的招待所中总是高悬"客满"的牌子，沿滇缅路各地的中国旅行社招待所办得相当好，唯独腊戍的招待所办得最糟。深夜一两点钟，常有类似商人实为公务人员的"猛人"，在房间里聚赌，牌声劈拍，杂以男女的欢笑声，严重干扰了其他旅客的睡眠。这般公务人员以为一出国门，就可以为所欲为，无恶不作了。

缅甸境内的铁路线，当时全长2050英里。我坐了连贯上缅甸与下缅甸的火车从腊戍出发，直达印度洋的海口——仰光。一上

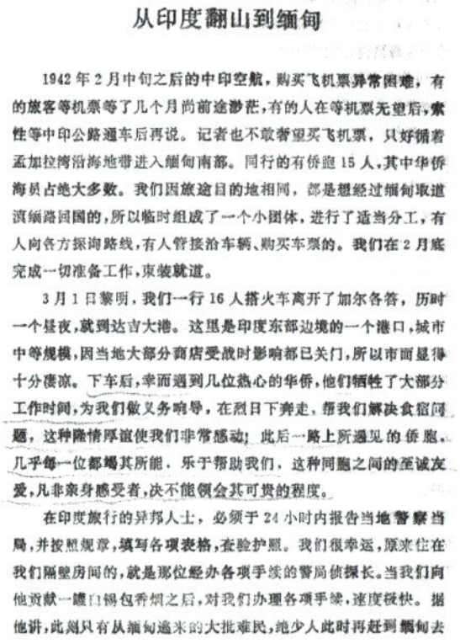

从印度翻山到缅甸

1942年2月中旬之后的中印空航，购买飞机票异常困难，有的旅客等机票等了几个月尚前途渺茫，有的人在等机票无望后，索性等中印公路通车后再说。记者也不敢奢望买飞机票，只好循着孟加拉湾沿海地带进入缅甸南部。同行的有侨胞15人，其中华侨海员占绝大多数。我们因旅途目的地相同，都是想经过缅甸取道滇缅路回国的，所以临时组成了一个小团体，进行了适当分工，有人向各方探询路线，有人管接洽车辆、购买车票的。我们在2月底完成一切准备工作，束装就道。

3月1日黎明，我们一行16人搭火车离开了加尔各答，历时一个昼夜，就到达吉大港。这里是印度东部边境的一个港口，城市中等规模，因当地大部分商店受战时影响都已关门，所以市面显得十分凄凉。下车后，幸而遇到几位热心的华侨，他们牺牲了大部分工作时间，为我们做义务向导，在烈日下奔走，帮我们解决食宿问题，这种隆情厚谊使我们非常感动！此后一路上所遇见的侨胞，几乎每一位都竭其所能，乐于帮助我们，这种同胞之间的至诚友爱，凡非亲身感受者，决不能领会其可贵的程度。

在印度旅行的异邦人士，必须于24小时内报告当地警察当局，并按照规章，填写各项表格，查验护照。我们很幸运，原来住在我们隔壁房间的，就是那位经办各项手续的警局侦探长。当我们向他贡献一罐白锡包香烟之后，对我们办理各项手续，速度很快。据他讲，此刻只有从缅甸逃来的大批难民，绝少人此时再赶到缅甸去

境，也要随时警惕敌人进犯滇缅公路，日军绝不会甘心放弃切断我国际运输线的意图。我们务必加强戒备，绝不能松懈！

陆诒在报道中写道：1942年日军从缅甸北部入侵腾冲时，李先生就在当地动员群众积极支援宋希濂部队英勇抗战，贡献了力量。

陆诒还访问了国民党参政员、西南联大教授罗隆基。罗先生同陆诒畅谈了国内外时事形势——我认为，日军撤离南宁，是在向中国诱降，是在搞分化中国内部团结的阴谋活动。如果日寇南进得手，中国将没有一个海口，而日寇将取得大量战争物资，然后来解决中国事件就显得轻而易举。

局势如此，外交上，我们要加强与英、美、苏的团结，积极争取外援；军事上，及时反攻，以牵制敌人兵力，打乱其南进计划；政治上，必须实行民主，力求进步，扫除因循苟且、贪污腐败风气。还要进一步加强团结，使每位爱国军民在民族抗战中发挥力量。

1940年11月19日，陆诒从昆明出发去缅甸，车在下关停留时，他同顾树立专员到下关医院慰问南洋华侨回国慰劳团代表蒋才品先生。蒋先生对陆诒说：1939年春，他随陈嘉庚先生等回国慰劳，不幸翻车成半身伤

残。不能到重庆和抗战前线尽慰劳的心意深感遗憾！华侨即使死在祖国领土上，也会含笑九泉。之后，陆诒又慰问了住院疗养的华侨司机和机修人员，并记下了一个一个的感人故事——

有着二十多年汽修经验的新加坡华侨陈师傅，放弃月薪两百元的优厚待遇，带了十几位师傅和全套机器报名回国；

每月薪水一百五十元的新加坡中学教员，为了践行平日向学生宣讲的爱国言论，抛妻别子回国来当司机；

好几位被敌机机枪扫射受伤的华侨司机，异口同声说："为抗战抢运物资，我们受点伤算什么，出院后还要在滇缅公路上干！"

慰问结束，陆诒坐运输大队队长王亚能的大卡车向缅甸进发。王是冒名而来的印度友人，在上海读书时，参加过一·二八淞沪抗战。在进入缅甸后，王因感到疲劳，调一华青司机驾车。司机开足马力向前疾驰，急转弯时，不慎翻到深山沟中。王大队长重伤，司机昏倒在地，陆诒等其他人员都受了伤，侥幸都无生命之虞。

1940 年 12 月 2 日，陆诒从缅甸瓦城搭火车到了仰光。6 日到缅甸师范大学访问了教育家于巴伦先生。于先生率访华团回国后，到处宣讲中国抗战的情况。他对陆诒说："中国抗战胜利之保证，在于中国内部团结一致，坚持抗战到底！"

12 月 10 日，著名爱国华侨领袖陈嘉庚到达仰光，他在当地华侨团体的欢迎大会上作回国慰劳的报告，陆诒倾听了先生的精彩报告：抗战中的祖国，在军事上有进步，士气旺盛，而日军的战斗力日趋衰退，最后胜利必属于我。本着实事求是的精神，我亲赴延安视察，第二天，毛泽东先生就会见了我，后来，毛又几次到我住所亲切交谈。毛也讲述了共产党对团结抗日的诚意，决不辜负海外华侨的愿望，并请我将此意转告蒋先生。我还同集美、厦大和南洋来的青年交谈，并实地参观、访问。把我亲见的延安军民合作、廉洁奉公，领袖和士兵平等相处，艰苦朴素和同仇敌忾的现象，与国民党统治区相比较，深感延安是中国的希望所在。

根据斗争的需要，陆诒从缅甸回国后于 1941 年 2 月中旬去了香港。到港第二天，廖承志约见陆诒说："欢迎你到香港来，眼前，先要请您协助连贯先生做一件临时性的工作。即要在九龙城附近建立一个招待所，专门接待从内地来港的文化朋友，并安排他们通过上海转赴苏北抗日根据地。你们对内地文化界朋友比较熟悉，就委托您担任此项工作。"陆诒欣然从命。由陆诒经办转苏北的文化人，计有贺绿汀，刘述周、骆耕漠、薛暮桥、姜君辰等，以及以汪达之为团长的新安旅行团全体同志。

在港期间，陆诒在《星岛日报》总编辑金仲华家中，见到了邹韬奋、茅盾、范长江、夏衍、张友渔、韩幽桐、邵宗汉、杨潮（羊枣）、恽逸群、郑森禹、张明养、吴仲持、乔冠华、陈翰笙等同志。在金家，大家一起讨论了在港办报刊的事。不久，中共办了《华商报（晚刊）》，由范长江、夏衍、廖沫沙主编。邹韬奋办了《大众生活》周刊，由夏衍、茅盾、千家驹、金仲华、乔冠华、胡绳等担任编委。一报一刊紧密结合，在宣传战线上起了很大作用。

1941 年 5 月底，陆诒到了新加坡。第二天，拜访了《南洋商报》的胡愈之，胡说："南洋各地有的是进步报刊，缺的是文化人。"他当即邀请《新华日报》记者张企程进《南洋商报》工作。不久，王任叔、沈兹九等也陆续从香港到新加坡，都由胡统筹安排，开拓华侨社会中的文化教育工作。

5 月底，陆诒离港去新加坡。在通讯中，他写道：在七十六万人口的新加坡，华侨就有五十九万人。自国内抗日以来，此间华侨按月认捐叻币（新加坡货币）十多万元，积极支援祖国抗战，他们无负于祖国，而祖国也应该忘不了他们。

是年 12 月初，太平洋战争爆发。陆诒报道说：南洋华侨筹赈祖国难民总会主席陈嘉庚老先生，在战争面前坚定表示"小不敌大，邪不敌正，历史昭示绝不会错！最后胜利必属于我！"他鼓励大家多做战时工作，协助军队把敌人打出去。

12月5日，新加坡总督诚恳敦请陈嘉庚先生领导华侨抗战工作。在陈老的号召下，新加坡好几万华侨工人上前线，协助守军修筑防御工事，为了鼓励工人坚持战时生产，67岁的陈老，仍冒着敌军轰炸的危险，出席军港区的工人集会，发表热情洋溢的演说。《星洲日报》总编辑郁达夫和《南洋商报》总编辑胡愈之等也都投入当地华侨的宣传动员工作中去，并做出了很大的成绩。

1941年12月上旬，日寇的魔爪伸进了新加坡。1942年1月底，陆诒在新加坡乘上了一艘不知驰向何处的海轮。因为战争，一切都取决于船长的临机应变。同船的难侨中有陈嘉庚先生的两位公子，华侨领袖李孝述昆仲二人，还有中华书局新加坡分局经理徐采明和南洋学会创始人之一的姚楠。

在惊涛骇浪中，经过十天的航行，轮船抵达印度的马德拉斯。登岸后，陆诒和难友们直奔火车站，打算乘火车去加尔各答。马德拉斯是印度的第三大城市，华侨有两百多人，他们从当地英文报纸上看到有新加坡难侨到埠的消息后，选推七位华侨代表，特意跑到火车站来慰问陆诒一行，并作印度语的翻译，帮助难侨解决登车困难。战时流亡异国，遇到当地华侨这种亲切、诚恳的照顾，大家深为感奋。陆诒在文章中发出了难友们的由衷感激。

2月12日，陆诒到了印度的第一大城市加尔各答。城郊泰戈尔创办的国际大学中设有中国学院，院长谭云山先生是研究印度问题的学者。学院中仅有中国学生四人，都是研究古代印度问题的。

1942年3月，陆诒等十六人搭车由加尔各答去吉大港。在车上，一位印度大学毕业生对陆说，印度援华医疗队柯棣华等医生，在华北战场上的光辉事迹，使印度人民深感光荣！下车后，在几位华侨的热心帮助下，陆诒

大治河

145

顺利解决食宿问题。此后一路上所遇见的侨胞，几乎每一位都竭其所能，乐于助人。这种隆情厚谊使陆诒一行非常感动，几十年后，陆诒还说：这种同胞之情的至诚友爱，凡非亲身感受者，决不能领会其可贵的程度。

几经车船转辗，陆诒到了缅甸（第二次入缅）的一个秦族小村庄，拜访了当地的女山大王。她说，见到唐人，总是高兴的，并答应陆诒，一定尽力帮助他们回国。3月15日，陆诒怀揣她的介绍信，和难友们一起在大王派遣的两名向导带领下，手执缅刀出发了。爬过高耸入云的山峰，穿过不见太阳的原始森林，涉过六十四条湍急的河流，经过五天的艰难历程到达纳比。而到曼德勒时，已是3月底了。

到了曼德勒后，陆诒先拜访华侨抗日团体——缅甸救灾总会曼德勒分会的负责人林老。林老说：中国远征军入缅，受到当地侨胞的热烈欢迎。许多华侨青年踊跃参军、当翻译、当向导。远征军接替英军防务，浴血奋战，常有捷报传来。

我远征军第5军第200师骑兵团及工兵团的一部是最早入缅的作战部队。先头部队于3月8日到达缅甸同古，立即布置警戒线修筑防御工事。3月18日，前线英缅军全部撤退，日军跟踪追击，与我军发生激烈的前哨战。我军击破当面之敌，进而协同英军收复仰光。

3月20日同古防御战开始，日军几次遭到我军伏击后，增加了两个联队的兵力，围攻同古。我军英勇奋战，坚守阵地，几次使敌军攻势顿挫，伤亡重大。第200师经过十二个昼夜的浴血搏斗，击毙日军五千多人，重创敌军。在被击毙的日本联队长横田大佐的日记中，他是这样写的："自3月25日南进以来，敌军（指英缅军）望风披靡，我军所向无敌。不料同古之战，却遭劲敌。劲敌者，中国军是也。"可见戴安澜将军指挥的第200师不愧为中国远征军的劲旅，而且同古之战也是战争史上一次成功的防御战。

在缅甸曼德勒车站，陆诒在拜访驻防连吴连长时，在连部邂逅了孙立人师长，陆诒同他们谈了一小时。孙立人询问了麦德勒以南，特别是仁安羌油田附近的社会动态。

孙立人的新编 38 师在曼德勒集中后，奉命调到曼德勒以南的乔克巴驻防。当时英缅军第一师及装甲第 7 旅共七千多人，辎重车百余辆，正被日军包围在仁安羌油田附近，竟至束手无策，急向我军求援。第 38 师 113 团孙继光部星夜用汽车将部队送到英军被围的前线。到达后，在侦明敌情的情况下，立即迂回至仁安羌以北的大桥。先截断日军退路，展开猛烈的攻击，后来个反包围。激战至午夜，终将日军击退，英缅军全部解围。

我远征军此役轰动英伦三岛，事后英方为师长孙立人、团长孙继光及营长等多人颁发了勋章，以表感激。

1943 年 6 月下旬，陆诒参加全国慰劳总会组织的鄂西抗战将士慰劳团，从重庆出发到达湖北恩施。会见了第六战区司令长官陈诚和副司令长官孙连仲。跟司令部武泉远参谋处长进行了长谈，武处长向陆诒叙述说：1943 年 2 月中旬起，日军一步一步地调集六万余兵力围困我军防线，企图打通长江运输，消灭我长江及洞庭湖之间的野战军，直指鄂西山岳地带 以威胁我陪都重庆的安全。在这场鄂西会战中，石碑要塞保卫战是最关键的一战。

6 月 27 日清晨，陆诒从恩施搭车往巴东转往石碑前线采访。在巴东会见了 18 军军长胡琏。胡琏是这次石碑外围重创日军的抗日名将。匆促之间，胡琏告诉陆诒一句话："这次我军能够击退敌军进攻，主要是由于部队平时勤于训练，勤于构筑防御工事，真正做到了有备无患。"在战斗最激烈最关键的时刻，胡琏命令将旗帜插在最高峰上，严令守军不再后退一步，誓与石碑要塞共存亡。他还用电话告诉部下："打仗要打硬仗，这一次一定要使日寇认识中国军队的作战精神。"

从 5 月 21 日到 6 月 3 日，江防部队与日军进行了几十次你死我活的争夺战，最终取得了胜利，打出了中国人的威力。

周恩来派陆诒参加慰劳团，除本职工作之外，还有一项任务要他去完成。1941年皖南事变发生后，叶挺将军被国民党软禁。1943年5月由重庆转押至恩施，由陈诚负责看管。周恩来对陆诒说，你持我的亲笔介绍信去访问陈诚，向他提出要单独访问叶挺的要求。

5月25日，在陈的副官陪同下，陆诒坐车到恩施郊野的一家农舍里拜访了叶挺将军。陆诒遵照周恩来的嘱托，把5月份《新华日报》合订本和最近出版的几期《群众》双周刊送给叶挺。叶挺高兴地说："这样的精神食粮比什么都要珍贵，我在乡下平时就只能看看当地的报纸和过时的《大公报》"。陆诒把周恩来嘱他转达的话告诉了叶挺，叶挺听后激动地说："我也深知我的自由问题决定于谈判结果，但我深信有党中央和毛泽东同志的英明领导，必能获至胜利。这一信念坚定不移，在几年囚禁中也没有动摇过。你回去向周恩来同志汇报，请他释念。"陆诒完成任务后，从巴东搭船溯江西上，又为《新华日报》写了题为《劳军行》等多篇通讯。《新华日报》能人荟萃，周恩来将探访叶挺的重任派给陆诒，可见他在周恩来心中的地位。

八

1945年8月，抗战胜利，汤恩伯负责到上海受降。经《新华日报》和《大公报》领导同意，陆诒于26日搭汤的军车离渝回沪。

回沪第一天，上海地下党负责人张执一指示陆诒：我们急需了解汤恩伯部队到沪的动态，望你随时提供讯息。当前，上海的《申报》和《新闻报》尚未复刊，你们务必尽一切努力，抢先出版报纸，争取广大读者。

9月中旬，美国大使馆新闻处中文部主任刘尊棋同志约陆诒谈话说：他和王纪华、冯宾符准备在短期内筹备出版一张民间报纸，并邀你参加。创刊前，刘尊棋和陆诒找《新闻报》经理部的程仲权协商，先借该报的一切设备，利用该报原有的发行系统和广告关系，在一周之内，即在1945年

9月21日抢先出版《联合日报》。报纸发行后深得读者欢迎，居然一纸风行，日销二十万份。最后，因国民党通过外交途径进行逼迫，《联合日报》不得不于11月30日休刊。

回沪后，陆诒又和孟秋江接上了关系。秋江这几年一直在上海做党的地下工作。抗战胜利后，他和柯灵等办了《周报》，又与严宝礼、徐铸成合作复刊《文汇报》，后来又办了《文萃》杂志。

1946年2月10日，重庆发生"校场口事件"，局部内战连绵不断，规模越来越大。在这样的背景下，张执一、姚溱领导成立了由刘尊棋、金仲华、王纪华、陈翰伯、冯宾符、郑森禹、陆诒（仍兼《时代日报》工作）七人组成的《联合晚报》社务委员会；蒋经逸（即乔石同志）为秘书，陆诒为采访主任，并于4月15日出版发行。

晚报专辟"每日一人"专栏，连续刊载了颜惠庆、黄炎培、吴蕴初、陶行知、冯玉祥、盛丕华、胡厥文、颜耀秋等各界人士的专访稿。从不同角度表达他们主张民主、和平、反独裁、反内战的愿望。

5月初，陆诒到南京采访并筹设驻京办事处，约请陆慧年为主任，胡星原、胡赛为记者，负责采访南京的消息，每天打电话到上海。

到京第一天，陆诒即赴梅园新村拜访周恩来、廖承志、范长江同志。周恩来听了陆诒的汇报后指出，办报就是打政治仗，你们在工作实践中，时刻不能忘记发展进步势力，争取中间势力，孤立反共顽固势力的政策。干革命，总是团结多一点的人会好。团结就是力量，眼前的任何困难一定能够克服！

第二天，陆诒访问了第三方面人士沈钧儒、黄炎培和国民党和谈代表邵力子。还访问了冯玉祥将军。冯将军对陆诒说：我们对不起山，现在有树的山已很少；我们对不起水，现在能行船的水也很少。

1946年7月25日上午，陆诒在沈钧儒家中和沈老叙谈时，得知陶行知先生病危消息，即随沈老和沈谦医生同车赶到陶先生友人寓所（前几天上海已盛传反动派又开了黑名单，陶列名首位，因此移居友人寓所）。在沈老公子沈医生诊视并做最后急救时，陆诒先将此讯用电话报告周公馆。周恩来和邓颖超闻讯赶来时，陶先生已经气绝。周恩来俯身握着陶先生的手，含着热泪向他告别。

9月下旬，陆诒常去马思南路107号采访，和华岗、陈家康、范长江三位交谈。有一次，周恩来同志找陆等四人一起去谈话，他指出他们光为自己的报纸写文章，争独家新闻，就有点向本位主义发展的倾向，这样就不利于共同的斗争。他特对陆诒说，可以把自己的意见跟翰伯同志谈谈。回去后，陆诒和陈翰伯等作了纠正，开始为《新民报》晚报专栏写稿，并互通信息加强协作。

10月4日，全国各界为7月11日、15日被反动派暗杀的李公朴、闻一多两位烈士召开追悼会，陆诒和同仁们就追悼会作了详细的报道。报道中说："潘公展在会上侈谈民主，遭到郭沫若同志的严正驳斥，郭说：'李、闻两烈士遭到政治暗杀，事实本身说明了中国还没有民主。民主永远不怕暗杀，民主永远不会死亡，李、闻两位烈士的生命是永存的！'"会场上悬挂各党派、团体和各界人士的挽联，其中有中共代表团的挽联："继两公精神，再接再厉争民主；愿万众悲愤，一心一德反独裁"。宋庆龄、邓颖超、张澜、沈钧儒等名人出席了追悼会，送了挽联。

1946年10月18日，范长江对陆诒说，他请示了周恩来同志，山东你不要去了，路已不通，决定让你先去香港。临行，周恩来找陆诒谈话，说他在上海新闻界目标较大，不宜久留，还是早点到香港去为好。10月下旬，陆诒到达香港。

1946年10月底，陆诒到港，即按周恩来的指示去《华商报》找章汉夫。章安排陆诒为国新社香港分社主任。陆诒上任后，先是集中抓稿源，除向在港的高天、胡仲持、黄药眠、黎澍等社员组稿外，通过孟秋江向全国组稿。其次努力发展新加坡、棉兰、吧城、马尼拉、槟城、曼谷、西贡和纽约等地和华侨报纸采用分社的稿件，同时欢迎他们为分社写稿。这样，美、越、缅、泰和菲等国华侨报刊先后同分社建立了订稿关系。

1947年5月，上海的《文汇报》《联合晚报》和《新民报》同时被国民党政府封闭之后，《文汇报》迁港出版。孟秋江、刘尊棋先后从上海、美国回港参加分社工作。陆诒在文中写道："这个时期香港分社除向海外华侨报刊发稿之外，香港的《华商报》、《文汇报》、《群众》周刊、《光明报》以及《新生晚报》、《星岛日报》等报刊也采用我们的稿件，业务逐步有所发展。"

1949年春天，留港的各党派民主人士相继北上，积极筹备新政协。国新社的历史任务也已基本完成。于是，陆诒在1949年7月离港回沪，参加《新闻日报》工作。

陆诒在担任国新社香港分社主任的同时，受上海民治新闻专科学校顾执中校长的委托，在香港办了民治新专香港分校，招收在职青年，晚上上课，人数不多，流动性大，办到1948年年底即结束。

1947年下半年起，陆诒在李济深、蔡廷锴、方方（中共南方局代表）等人创办的达德学院担任新闻专修班主任，每周授课六小时。学生大部分来自印尼、菲律宾、缅甸的华侨社会，也有从内地流亡来的学生。1948年同学们分期分批进入广东省东江解放区参加革命工作，为革命事业作出贡献。

1948年，以梁漱溟为社长，萨空了为经理，俞颂华为总编辑的民盟中央机关报《光明报》复刊。沈钧儒动员陆诒参加《光明报》工作，担任宣传工委委员兼任督印人和主编。为解决经费问题，陆诒随沈老拜访南洋烟草公司的简玉阶、经营房地产的章乃器和经营钱庄的黄长水等香港工商界知名人士，向他们募捐，得到热情支援。在同仁努力下，各方支持下，《光明报》半月刊于1948年3月1日出版。

陆诒在《光明报》一直干到1949年6月离港回沪。

1949年7月，陆诒被分配到上海《新闻报》工作，任副总编辑。

同年9月，陆诒到北京采访新政协第一届全体会议实况。9月21日，首届政协会议在中南海怀仁堂召开。会前，民盟代表史良向毛主席介绍三位记者，当介绍到第三位时，毛主席握着陆诒的手问他，是不是在延安见过面。在会场，陆诒又见到了周恩来同志，他对陆诒说：过去说为期五年，如今不到四年新政协就开幕了。今后，一切要作长期打算，把困难估计得充分一点，才能取得主动。

1955年4月，亚非会议在印尼万隆召开。周总理在会上提出了和平共处五项原则，这五项原则后来成了处理国际关系的共识。为传播万隆会议开启的新形势，陆诒撰写出版了《亚非地区的新形势》。

1956年8月，陆诒随市政协参观团，参观了兰州、西安、洛阳和郑州等地的建设。回沪后，陆诒撰写出版了《古老城市的新建设》，热情讴歌伟大祖国欣欣向荣的景象。

1957年后，《新闻报》并入《解放日报》。陆诒分到《解放日报》工作。"右派"摘帽后，当了资料员，在这个岗位上，他兢兢业业，不计时日，坚持将报纸上的各种新闻用最少的字，概括出最多的信息并编成"简要"，供报社备用。

1978年十一届三中全会召开，陆诒受到很大鼓舞。他以惊人的毅力，加倍努力工作。参与编辑《上海文史资料选辑》共二十辑，《统战史资料选辑》四辑。

耄耋之年，陆诒受聘于复旦大学新闻系，担任教授，担任博士生导师，为培养新一代的新闻工作者贡献自己的智慧和宝贵经验。

教学与工作之余，陆诒仍勤奋笔耕，先后撰写出版了《文史杂忆》

《战地萍踪》等书，为后人为历史留下了珍贵的资料文献。陆诒不仅是杰出的新闻记者，也是优秀共产党员和优秀社会工作者——上海市第一届人大代表；全国政协第五、第六、第七届委员、上海市政协常委；中国民主同盟第五、第六届中央委员，民盟上海市委副主任；上海市政协文史资料工作委员会副主任；中国青年新闻记者学会理事、中华全国新闻工作者协会名誉理事、上海新闻工作者协会顾问。

　　本文引用史料，均出自《陆诒》（韩辛茹著，人民日报出版社1996年版）、《文史杂忆》（陆诒著，中国人民政治协商会议上海市委员会文史资料委员会1994年5月内部资料）、《热河失陷目击记》（陆诒、黄炎培、王永德等著，中外出版公司1933年版）等书。

大治河

君与钱塘万古清，浦江与君万古流——叶宗行事迹展示馆／农耕文化的精彩，人们永远的怀念——农船文化／艺术的华章，理想的寄托——屋宇吉祥图／丰富多彩的窗

乡音乡愁

大治河与黄浦江衔接口的节制水闸

君与钱塘万古清，浦江与君万古流
——叶宗行事迹展示馆

黄浦之滨，稼禾丰美，都会之区，人文荟萃。

五百余个岁月，弹指间岁月倏忽；
三十余年人生，清澈如江流永存。

叶公宗行，吾乡前贤，出于名门，长于农家；

其行年短暂，治水之功足可名垂青史；
其位卑职低，政声之良堪与文翁相埒。

苏南水患，因其而消弭，东方大港赖其而崛起。

仰观叶公生平，不惟追念而已，更在倡导精神。

吾辈爱乡爱国，即以叶公为师范，诸君以为何如？

叶宗行，名宗人，字宗行，生卒年不详，明初华亭县人。叶宗行是明代水利专家，浦江合流第一人。祖上是南宋名臣、文学家叶梦得。叶宗行一支大约在他祖父辈时迁到了现在的上海市闵行区浦江镇正义村。

观天察云，服务众乡民

据记载，叶宗行幼习经史，长大后，通晓天象、农事，精于历算、测绘。曾负笈从师，刻苦研究宋元以来治水例案，矢志以治理苏松水患作为自己的功德之业。他特别佩服历史上那些崇尚气节、志向高远的人物。习文之余，经常外出考察家乡周边的地形、地貌、河港、水道，与此同时，他为百姓做了许多实事好事。

戊寅年春节，宗行敬告家乡的里长们：据他观察，去年10月雾天多，冬至季节里刮南风的天数多，这两多，兆示今年夏季我乡乃至更大范围内，可能会有水涝之灾，请大家早作预案。里长们按照宗行的建议，让农民做好防涝措施。8月，连续暴雨和汹涌潮汛"如约而至"，由于人们做好了防涝作业，涝灾造成的损失降到了最低程度。乡亲们从心坎里钦佩他、感谢他，说他是救命大恩人。

是年10月底，正是秋收的黄金季节，一位农民找到草亭，向叶宗行请教"这两天里能不能割稻"？叶宗行和蔼地对他说：据我观察，夜里星星眨眼，估计近两天内会有雨水，所以不割为好。不出半日，天下起了雨。农夫望着田里的稻子，听着淅淅沥沥的雨声，激动万分，心想，如果稻割下来了，必然会烂在田里，那全家人一年的口粮全完了，叶秀才真是个活菩萨。

一天上午，艳阳高照，叶宗行在河畔测量水位。中午，乌云突然遮住了太阳，眼看马

上要下雨。正在晒麦的农民呼儿叫女急着把麦子收进屋去。宗行看了看天空，对农夫说："一块乌云在天顶，最大风雨也不惊；再看乌云正向北移动，说明不会下雨。乌云过后，太阳就会出来，麦子不必进屋。"过了半个时辰，天空果真放晴。这事虽小，但对农民来说是节省劳力的大好事。宗行为农民做事的义行崇德，一直在乡间传诵。

探究灾源，绘理水方案

明永乐元年（1403），地处太湖流域的苏州、松江和嘉兴地区连降暴雨，由于地势低洼，原有的水利设施既不合理，又年久失修，致使河道淤塞，海塘损毁，酿成巨大的水灾。

滔滔洪水，滚滚白浪，一时间使素有"天下粮仓"之称的苏南、浙西一带的万顷良田顿成泽国，人烟稠密的村庄只剩断垣残壁，灾民流离失所，苦不堪言。

江南是国家的财赋重地，灾情传到朝廷，刚从宫廷政变中脱出身来的永乐皇帝朱棣为之震惊，赶紧指派素以才干著称的前朝元老、时任户部左侍郎的夏原吉，带一干人马，前往灾区治理水患。同时告示天下，凡地方官吏、百姓如有关于水利的建议，就要呈报，对那些不重视水利事业的官吏，则要加以处罚。

叶宗行听说朝廷向民间征求治水建议，于是，再次深入灾区实地调查考察，摸清了太湖下游逢雨必涝的原因：一是上游来水太多，下游出口既少又小，缓不敌急；二是吴淞江虽然通海，但上游带来的淤泥，加之下游海口因潮汐涌入的砂砾，导致排水不畅；三是海滩不断向东延伸，致使出海口经常淤塞改道；四是濒海乡民为御海潮而自筑的堤坝布局失当，质量参差；五是有些地方豪绅擅自围垦河滩，造成了河道日趋窄小，水流日趋缓慢，终至淤塞。

在勘察访问过程中，叶宗行弄清了历代官方理水失败的原因。当时，太湖泄水的主要渠道，一是吴淞江，二是娄江（即郑和下西洋的出海港浏河），三是阔不过"尽一矢之力"的东江，即今大治河。由于历代官方的水利思想始终把吴淞江视为下泄太湖之水的"正脉"，而且一直要使吴淞江保持和娄江一样的"大江"地位，不是根据现实状况的变化而改变理水方法，而只是依照习惯来疏浚吴淞江以消除涝灾。

叶宗行根据历年积累的水利心得和这次勘察的实情，撰成治水方略一篇，并以华亭县生员的身份呈报朝廷，同时希望能够参与治水工程。

在治水方略中，叶宗行大胆陈述了自己的想法：一是放弃吴淞江最下游的淤塞入海段；二是开拓范家浜（约在今外滩至复兴岛附近），使它上接上海浦（亦称上

浦，约在今龙华至外白渡桥的一段黄浦江），下接其旁的吴淞江，然后使新河道截过淤塞的吴淞江，自己直接入海（即今天的吴淞口）。叶宗行的治水思想，从根本上颠覆了前人狭隘保守的水利思想，为后人开启了治河新思路。这在上海地区的治河史上是一次突破性、开拓性、转折性的思想解放，有着现实和深远的历史意义。

与民勠力，成浦江合流

明成祖朱棣看到这份治水方略后，很是赞赏，立即同意叶宗行协助夏原吉一起治水，为国效力。夏原吉是个办事认真，作风踏实，从善如流的好官。他接旨后，马上将叶宗行迎进帐下。在听了叶宗行和其他官员士绅的建议后，又和叶宗行等人一起实地勘察，走访乡邑"三老"，仔细研究了历代治水的经验得失，认为叶宗行的建议十分合理，决定采纳。

夏原吉（1366—1430），字维吉，祖籍江西德兴，定居湖南湘阴。明洪武年间中举人，入太学，后在朝廷中抄写文诰，因办事认真，一丝不苟，深得朱元璋赏识，破格提拔任户部四川司主事。永乐初，夏原吉升任户部左侍郎，上任不久，即被朝廷委以重任，负责治理江浙水患。

夏原吉在叶宗行等协助下，制定了庞大的、切实可行的治水工程规划上奏朝廷。明成祖当即批准，并指派苏州、松江、常州、嘉兴民夫二十余万听候调遣。

　　根据规划，夏原吉和叶宗行将治水工程分段展开。一路人马开挖嘉定的西顾浦，引吴淞江水灌入吴塘，使之由刘家河（今浏河）入海；一路人马在常熟开浚白茅塘，引太湖下游之水泻入扬子江；一路人马，负责开拓范家浜，使之上接上海浦，下接吴淞江有用段，并导其入海。

　　疏浚施工时，叶宗行在夏原吉的支持下，把指挥部设在工地前沿，头戴笠帽，身穿布衣，来回步行勘察指挥，日夜筹划，虽盛夏酷日，也不打伞遮阳。有时候夏、叶两人还加入民工行列，挑担运土。在夏、叶的感召下，民工大为振奋，工程进展很快。

　　历时两年多，苏松地区的治水工程告竣，太湖下游出现了以"黄浦—范家浜—南仓浦"所组成的"新黄浦"，昔日不过一箭之遥的河面，被挖成宽达三十余丈的大江，吴淞江水滚滚西来，汇入黄浦，流向大海。叶宗行多年来梦想的浦江合流，终于成为现实。

　　浦江合流后，为进一步充沛大黄浦的水量，叶宗行在东江的闸港处建造水闸调控东江水量（水闸以东后称闸港，现名大治河）；水闸以西的东江亦称黄浦江，东江之名遂湮没。这样，大黄浦水量始终充沛，水流畅通不竭，日夜冲刷，江身日宽，形成了今日的黄浦江，上海浦和范家浜之名遂湮没无闻。为确保黄浦江水永久畅通不竭，叶宗行还制订了河道管理制度。明确规定，不准任何人围垦河滩；定期对河道进行疏浚，及时清理垃圾杂物等。

大黄浦开浚疏通后，太湖下游的水利状况大为改善，数百年间很少发生过水灾，百姓安居乐业，经济蒸蒸日上。

浦江合流后，黄浦江经过长期自然冲刷，最终形成了自己的水系，使吴淞江反而成了它的支流，为上海成为今天世界著名的东方大港打下基础，为日后上海的发展提供了得天独厚的条件。

历史事实告诉我们：

有叶宗行，才有浦江合流。

有浦江合流，才有黄浦江。

有黄浦江，才有大上海。

叶宗行功盖万代！

清廉善断，治县轻徭役

叶宗行随夏原吉治水期间，在勘察水情、规划工程方面多有创见，深得夏原吉赏识。工程结束后，夏原吉并不在乎叶宗行有没有功名，而是根据他的实际能力，向朝廷举荐叶宗行出任浙江钱塘知县。

钱塘县是两浙重地，但在明代初期，地方豪强勾结贪官黠吏，巧取豪夺，盘剥贫民，更有奸顽之徒兴讼弄权，欺诈百姓，以致民风日下，百姓痛苦不堪。叶宗行上任伊始，就大力整顿民政，整肃风气。

叶宗行经多方调查，得知当地徭役繁重，百姓苦于应付，不堪其扰。为减轻百姓负担，他将每年必须完成的徭役项目公之于众，让百姓自行认役，并将其自认的项目登记在册。然后，官府派人按册抽签，一经抽中，

即编入服役之列。通过这种方式不但均衡了百姓的服役次数，也满足了官府每年必须完成的徭役需求。此法既行，百姓皆大欢喜。

明初钱塘县徭役项目

力夫　浙江驿站船夫、递运所红站船夫、驿传马夫、驿传水夫、海塘夫、笼马夫、执伞箱夫、扫殿夫、膳夫、钟夫、闸夫、水马夫、齐夫、馆夫、水手、库子差夫：银差、力差、皂吏、狱卒、铺司兵、门子、驿传丁。

钱粮　漕运衙门供应、粮签马匹、粮签马价、火夫役银、总甲役银、兵饷（外沙地银）、兵饷（间架银）、解京富户。

（据康熙《钱塘县志》卷六"徭役"整理）

过去，钱塘县正气不彰，冤案频发。叶宗行到职后，宵衣旰食，整肃治安，惩办奸佞，风气为之一振，百姓称快。

某日，乡民李匠奔署报案：称爱女被杀，临终口吐"张张"两字，求大人惩治凶手。宗行着即勘察、传唤同巷三位"张"姓人到署讯问。如是数日，宗行天天坐堂。讯时，衙门洞开，一任百姓观看。一天，讯之未半，宗行突指一观审者厉声喝道："凶手即此人！"李匠视之，竟是表侄。凶手喊冤，宗行笑道："尔若非凶手，为何天天远道而来观审，且

神色慌张；李匠爱女口吐'张张'，实证凶手必为其熟悉之人。"凶手哑口，伏罪被捕；同巷姓"张"三人相庆而归。

又某日，有人击鼓鸣冤，宗行升堂问案：两伙船帮群殴，致使一帮船主毙命，前任县令多次审理，然至今未决。报官者为船主之子。宗行闻后，详讯案情。一天，命在押未决船夫及狱中囚犯与己同食。餐毕，独留一名船夫，船夫神色大变。宗行立呼升堂审讯："尔为刺死船主凶手，何不从实招来！"船夫百般抵赖，宗行严词驳斥："船主伤在右肋，创口作右偏之势，实系左手所刺。囚徒中唯尔独用左手，此据岂有不确。"船夫无可辩解，只得供录伏罪。

一次，叶宗行坐船巡查，行至江中，船工突觉船后沉重不堪，船身倾斜。叶宗行急令停船查看，竟发现船舵上挂着一具浮尸，死者身上还拴着一块大石头，这显然是故意谋害的铁证。叶宗行返回县衙后，仔细盘问与死者相熟的各色人等，终于弄清了乡里无赖杀人沉尸的事实真相，为善良百姓讨还了血债。

叶宗行亲民勤政，经常深入乡村街巷，倾听民声，了解民意，询访社事，体察社情，千方百计为百姓解忧排难。

清河乡多丘陵，农事全靠山水。山水多少全赖天公之意，多则淹农田，少则枯作物，农夫苦于何奈。为解百姓于苦难之中，宗行到职不久，即率士绅工匠能人，勘山测水，擘画防灾惠民之举。在龙井山低谷处，宗行与匠人农夫一起垒石封堵峡口，引山溪入低谷汇成水潭。在山溪入潭口则筑石坝，并于两端各置一闸门。若遭淫雨，让水自流入潭；若遇干旱，启闸放水。山水得以掌控，农家不再受害，生产亦得以发展，清河乡一时富甲钱塘，百姓顿首称善。

史书还记载，钱塘县的丘陵地带，林木葱茏，风景极佳，但经常发生虎患，时有过客为虎所伤，也有农民的家畜被虎所噬。百姓纷纷要求驱虎除害，可是，叶宗行到底是个文人，他既不派猎户围捕，也不带兵打虎，而是认认真真写了一篇祭虎的文章，然后带着几个随从，来到山里，在老虎经常出没的地方朗声高诵。当时，手下人都笑他迂腐。可说来也怪，经他这番折腾，钱塘地方从此竟再也没发生老虎伤人或咬死牲口的事情。

叶宗行治理钱塘的时间不长，民望却越来越高，永乐皇帝得知后，特地关照派到地方上巡视的官员，不要有意刁难叶宗行。对此，素以清廉出名的浙江按察使周新，虽欣赏叶宗行的为官之道，但总还是有点不放心。有一次，周新趁叶宗行外出，悄悄地来到叶宗行的住处，他环顾四周，室

内除了几件常用的家具以外，竟无一件多余之物，更无任何奢侈用品，只发现了一包用箬竹叶包着的银鱼干。周新见此，深深一叹，从竹叶包中拿了一点鱼干回去。

第二天，周新请叶宗行到自己家中喝酒，当家仆端上一小碟鱼干时，周新对叶宗行说："这是老夫从你家里拿来的。"叶宗行顿时明白是怎么回事。于是，两位清官就着一小碟银鱼干，对饮欢谈，不觉皆有醉意。此时，周新命手下人排出专供三

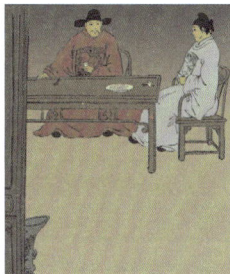

品官员使用的仪仗，要送叶宗行回府，叶宗行一见，吃惊不小，酒也吓醒了，忙不迭地推辞，周新却说："凭足下的清风亮节，就完全可以胜任这个高位，何必推辞！"

叶宗行在钱塘任上，兢兢业业理政，端端正正做人，纠正了以往的不良风气，也为众多官员树立了榜样。满城百姓，交口赞誉，盛赞叶宗行是"钱塘一叶清"。

一介书生，功勋耀千秋

不久，朝廷兴建工程，命叶宗行招募浙省境内的能工巧匠，火速前往京城。叶宗行匆匆辞别钱塘父老，带领工匠上京。途中，他不幸得了重病，没过多久，竟就此谢世。周新闻知噩耗，为之痛哭不已。为了表达对叶宗行的敬意，周新撰写祭文一篇，赞道："惟钱塘之江水，与君万古而俱清。"

为学之道，学以致用如叶宗行；

为官之道，尽责爱民如叶宗行。

宗行乃一介书生，并无功名，寿仅而立，位方七品；

却行在清正，志存高远，利于当时，功在千秋。

昔人之赞宗行，今人之念宗行，期人人之为如宗行，是宗行之幸也。

相关链接:

浦江镇，古代第一座水闸的诞生地

水闸，唐代已有记载：唐太和年间（823—827），为"防御海潮"，在盐铁塘入海口（即今浦江镇一段的盐铁塘）建造了我国第一座水闸。

随着时代向前，水闸建造技术也不断提高，约从元代开始，石闸逐渐代替了木闸，并下设闸底，边有闸墙，墙侧有门槽；闸门，用叠梁式木门为多，以人力启闭为主。

水闸，在御海潮、排水涝、泄洪水、引水灌溉、调控内河水位和便利航运等方面起到重要的作用。

古代水闸

大治河水闸

大治河口与黄浦江汇合处

农耕文化的精彩，人们永远的怀念
——农船文化

位于黄浦江左岸的浦江镇，湖浜密布，江河纵横，是典型的江南水乡。千百年来，浦江人在同浜河江水的亲密接触中，用智慧和经验制造了各种各样的船。船是农具、家具、交通运输工具。人们垦荒渔猎、往来贸易、衣食住行都离不开船。船是浦江人建设美好家园的重要伴侣。在浦江人心目中，船是一种物质的载体，也是一种精神的载体，具有特定的文化内涵。船文化是浦江人的宝贵文化。

古舟老船，是农耕文化的精彩，是人们永远的怀念。

湖船

长约三尺，宽约二尺，略呈椭圆形。它是采摘荷花、莲蓬和菱角用的农具，不用橹桨，仅凭采摘者双手凫水前行。冬季则作为盛放谷物的家具。它不是交通工具，不能在有潮汐的江河里使用。

竹筏

把毛竹的首尾弯曲上翘成弧状，再将多根这样的毛竹捆扎在一起，就制成了竹筏。首尾上翘，可防止上浪，又易滑过水中礁石，还可在翘部操

纵桨、橹和搁置东西。竹筏制作简单，行驶平稳，现在不少地方，把它作为嬉水、赏景、漂流的工具。

竹筏用于将江浙山区的竹排拖出来，运到本地及上海各县。在山溪中撑篙前进，进入江河后可用橹桨航行。撑排工称"长梢师傅"。

划桨船

这是用以代步的家用小船。上镇购物，探亲访友，邻里串门，都离不开它。这种船有细长如柳叶的，也有头小尾方的，中间较宽，长约四米，可乘五六人。下雨时套置油布避雨。一人或两人掌桨划水行进，泊岸时只

要将缆绳往桩上一拴，或将铁锚往岸上一抛即可，上下船极为方便。这种船，也给文人载来了诗情："郎载琴书侬打桨，浮家泛宅小神仙。"

划桨船是浦江船文化的一种特色，它承载着浓浓的水乡韵味、水乡习俗和水乡的浪漫。

网船

因渔民在船上用网捕鱼、掏蚬子而得名。渔民一人或一家，或划桨，或摇橹，丝网若干。船小灵活，小浜河汊来去自由。因为"浑水好摸鱼"，渔民常常是顶风冒雨驾舟撒网捕鱼。不畏艰苦、不怕危险的精神，是浦东成长、发展、繁荣的根基。

摸龙公船

不言而喻，船的功能便是捉鱼。船似独木舟，又窄又长，船体轻小，只容一人撑篙行驶。渔人在船上用篙驱赶、激发摸龙公（鱼鹰）钻入水中捉鱼，叼到鱼后凫到船边，由渔人将鱼从其嘴中抠出，放入舱中。只有养摸龙公的渔民拥有这种船。

罱泥船

江南农村常见的农具船。尾方，头小，肚大。篙、橹兼用。罱泥是高技术农活。古人有写罱泥的诗句："争传野老荣冠带，到处撑船早罱泥。"（荣冠带，指清雍正帝封老农为八品，赐冠带。）

柴滩船

因宜装柴草一类的轻货而得名。船无艄棚，大舱肚、大舱口、平面平底方头。撑篙或摇橹航行，不用风帆。这是农耕地区的典型船只。据说，诸葛亮草船借箭时用的就是这种船，只是换用木桨行驶而已。

脚划船

顾名思义，这是用脚划桨的船。船身狭长，无篷帆，可两人或一人划桨。船首、船尾有圆孔，泊岸时将竹篙插入以固定船只。可载客运货，可驶行小港河汊，深受大众青睐。这种船，在鲁迅故乡绍兴现在还能看到。

行篷船

因用篷帆行船而得名。小船一帆一橹，大船双帆。帆需经猪血和栲树皮浸蒸处理，所以为红色。顺潮水可行八面风；逆风可"调戗"成"之"字形顶风前行。船体坚固，载重量大，江海皆宜航行。但驾驶技术要求特高，连以出船老大闻名的塘口，能掌握此项技术的人也不多。民谚曰："行篷出门船，逆风照样行，外国人不懂，神仙也不晓，塘口数十村，老大两个半。"这条谚语充分说明了我们浦江人驾驭舟船的聪敏智慧和高超技能。

漕粮船

专业装载漕粮北上进京的船。船身长，船肚大，吃水深，以帆为主，兼用木橹，能在江海中航行。

缸甏船

这种船后梢大，船舱大，舷板高，船头略尖。帆橹并用。适应于装运大酒甏、大酱缸等陶制器物。

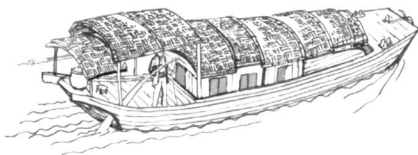

芦席船

因用芦苇编成的席做船棚，故称芦席船。船长四五公尺、宽一二公尺。它是运输工具，也是船民全家人

的生活场所。船民赖以贩运柴草、杂肥、鱼虾、螺蛳和地方土特产为生。

沙船

这种船因可安然"坐在沙（河）滩上"而得名。也说船形状像沙鱼而得名。

船体宽大、船底平浅，多舱且密封。多桅多帆，帆为密杆硬篷。用舵指掌航向。航行平稳，少搁浅，搁浅时也不易损坏。谷物棉布等南货北运，豆饼枣子等北货南来是它的主要任务。

象船

船体大，船身两侧镶有三道圆木，船只坚固，载重量大，故被人们称为"象船"。常航行于江浙两地，专运石料。顺风顺水扬帆风行，逆风逆水拉纤力行。船的商标为象牌。所以，有人认为缘于这个原因，人们才习惯称它"象船"。

游船

又称"画舫"，指载客游览赏景用的船，小巧玲珑，船肚稍大。船肚两边安装长木板作坐凳，两边船舷上有木栏，以保安全；船肚上

覆有棚顶，以遮阳蔽雨。每舟可载八至十人，有一船娘（郎）摇船。船娘（郎）用浦东方言唱的本地山歌，旋律舒缓，悠扬动听，极富地方风味。凡是听过的人都会留下深刻的印象，久久不会忘怀，古诗可证——"鹤塘一别几经年，犹忆歌声水际传。"（鹤塘，即鹤坡塘，旁有鹤巢村，相传为陆逊养鹤处。）

铁皮船

一种用铁皮制造的船。清光绪年间已能制造。动力为柴油机，安装在船后半部底舱，驾驶室在船头第一层处，用方向盘掌握方向。最早投入航运的客轮较小，船底层为机舱，上层为宾客室。后来发展为三层的大船。再后又发展为大马力、大载量的拖轮、驳船。

小火轮

又称"航船"，主要往返于本邑、邻邑集镇和上海市区之间，载客、运货、邮件等。这种船以蒸汽机为原动力，螺旋桨为推力，船体较大较长，船头微翘。驾驶室在船头，以煤为主燃料的蒸汽机在底舱。甲板层为客舱，客舱顶棚装网兜、铁栏杆以安放大的物件。

航行于闸港的小火轮有固定的航线、航班。一条来往于上海外滩的王家码头、大达码头；一条往来于南汇周浦、盐仓、大团；还有一条走奉贤金汇、青村。

"两岸机声喧昼夜，一江帆影度春申"，光绪进士秦锡圭的联

语道出了乘坐小火轮时的真情实感。

机帆船

在大、中型航船上安装汽车引擎作动力，机、帆并用，便是机帆船。这样的船载重量大，有速度，又较实惠，所以服役时间很长。

水泥船

一种用水泥钢丝网制成的船。头尾略方，两头稍翘，舱肚口较大。有扬帆的，有摇橹的，也有装机驾驶的。装大马力柴油机的常作拖轮，也可作驳船。这种船"一碰一个洞，一补就能用"，成本低，易修补，但自身重，不灵活。在20世纪后半叶是水上运输的大户。

上海县正堂官船

艺术的华章，理想的寄托
——屋宇吉祥图

上海郊区各式各样的房屋形态，在大治河畔的农村几乎都有标本。它们有的装饰在大脊上、戗脊上，有的装饰在横枋上、山墙上，有的装饰在门楼、大门、平棋等构件上。形形色色的图案，有的简约，有的夸张，有的细腻，有的粗犷，但件件造型生动，内涵丰富，有一定的鉴赏价值。这些图案为人们解读宗教、民俗及外族文化对古典建筑的影响，以及各个时代的不同建筑特色，提供了宝贵的实证。这些图案融中国绘画、书法、工艺美术和建筑艺术为一体，是建筑物的组成部分，也是我国几千年历史文化的一种缩影。这些图案，表达了农耕时代人们复杂的社会心理，反映了农耕时代人们的理想、愿望、追求和对幸福生活的向往。

吉祥，是人类社会中最迷人的主题。这里讲的建筑图案，就是指人们日常生活中常见的"吉祥图案"。《注疏》上讲，"吉者，福善之事，祥者，喜庆之征"。吉祥的本意，是"美好的预兆"。

艺术，最终都是把理想形象化。吉祥寓意也是这样，它通过自然的或想象的那些花草树木、瑞禽灵兽、器物、神像、人物等物象图案的谐音和象征意义来加以表达，也有直接用文字表达的，目的都是讨个好口彩，图个吉利。在图中，人们看到的是形象，但内心感受到的却是形象之外的"语言"。可以说，吉祥图案是中华吉祥文化中一颗璀璨的明珠。

我们华夏文化的博大精深，令世界惊叹。

大脊

鸱吻：鸱吻，是龙的九子之一，平生好吞，喜四处观望，能看天观地。寓意兴雨防火，保平安。

龙子、云、虎：龙、云、虎组成"云龙风虎"图。龙子是中华民族尊崇的神物，虎是百兽之长，能辟邪驱祟。此图比喻杰出人物。

两只梅花鹿："鹿"跟"路"谐音，鹿也是太阳的使者。寓意路路畅通、前程灿烂。

莲藕、鸳鸯："莲"与"连"同音，藕，意为心心相通。鸳鸯习性同宿同飞，交颈而眠。寓意夫妻同心同德，相亲相爱，连生贵子，永不分离。

鹿、凤和藤蔓："鹿"与"禄"谐音，象征吉祥富裕，还有镇邪之意。凤为百鸟之王，鸟中最美者，是祥瑞的象征。蔓，与万谐音。整幅图案可这样解释，万代富裕，吉祥美满。

凤凰戏牡丹：牡丹与凤凰组合，寓意富贵吉祥、繁荣兴旺。

獾和葡萄："獾"与"欢"谐音，寓意欢乐；葡萄，果实累累，寓意丰收。图案意为丰收、欢乐。

梅花喜鹊："梅梢"，谐音"眉梢"。寓意：喜事盈门、喜上眉梢、双喜临门。

葫芦、万年青："葫芦"与"福禄"谐音，象征多子多福。万年青寓意幸福长存。此图意为子孙万代，幸福永远。

芭蕉扇：芭蕉扇是八仙之一的汉钟离的宝物。民间说汉钟离能点石成金，而他点来的金子全部用来救济贫苦百姓，是个大善人。用芭蕉扇做清廉堂的装饰物，含有引申义——两袖清风。扇和善谐音，寓善行。

龙凤呈祥：龙凤是人们心目中幸福吉祥的化身。龙凤呈祥寓太平盛世、百姓安康、喜庆幸运之意。男喻龙，女喻凤。象征龙凤相配，子孙满堂，生活美满，吉祥幸福。也象征人才辈出。

鲤鱼和龙：图案表示鲤鱼已跳过龙门成了龙。比喻奋斗能改变一切。

出水荷花：莲藕的茎叶非常茂盛，寓根基雄厚坚固，社会繁荣昌盛，事业兴旺发达。

丹凤朝阳：象征光明的到来，预示美好的未来。比喻贤才遇时而起，大展宏图，前程似锦。也寓有天下太平，普天吉祥之意。这是稀世之瑞。

两只羊和如意状祥云："羊"和"样"谐音，寓样样顺利，样样如意。

蝙蝠、寿字：蝙蝠连成大圆，内绘团寿字。寓福寿双全，福寿连绵。

菊花篮："菊"与"居"音似。菊盛开于九月，"九"和"久"谐音，寓长安久居之意。

如意：如意是一种象征吉祥的器物。是财富的象征。"如意"的发音，能引发喜庆满意、美好等内涵的联想。

戗脊

灵芝、桃子：灵芝，形状像如意；桃能压伏邪气，食可长生不老。灵芝和桃子组合，寓如意、吉祥、长寿。

石榴：取石榴籽多之意。多男子，多子孙。榴和留同音，意为根长留。

佛手：佛和"佛"同音同形，象征多福。

待苞荷花：荷花为君子之花，又名青莲。青莲和"清廉"音同，谐音取意。以莲之高洁比喻为官清廉，格高品正。

瓦当、滴水

拐子龙：龙头龙身被线条化，转角处呈锐角和直角，头稍弯，故称拐子龙。寓幸福平安，吉祥如意。也有人说，这是个寿字。

蝙蝠、寿字："蝠"与"福"同音。蝙蝠是好运气与幸福的象征，意为长寿、幸福。

双龙抢珠：双龙抢珠，是天下太平的征兆，预示年年吉祥、平安、喜庆。

双鱼："鱼"和"余"谐音，寓丰衣足食，年年有余之意。

山墙

麒麟吐玉书：象征文运昌盛，天下太平。民间还寓意早生贵子。

鹤松同春：象征健康长寿、志气高尚、充满灵气。

蝙蝠衔双桃：桃象征长寿。"蝠"与"福"谐音，意为福气。寓意福寿双全，幸福美满。

双狮滚绣球：狮子为兽中之王，人们常以其象来镇宅驱邪。民间的"狮子戏绣球"舞蹈，表示喜庆和驱邪避祟之意。这也是人类生殖仪式的象征。狮子踩球，象征无上的权力。

八结（盘长）：盘长造型上盘曲连接，无头无尾，显示出绵延不断的连续感。寓意世代绵延、福禄承袭、寿康永续、财富源源不断。

火焰：火焰纹源于佛教。寓意驱魔避邪，神圣不可侵犯。

孔雀：孔雀，美丽文雅被人视为吉祥鸟。孔雀开屏是人们最期待的祥事。传说只有美丽者的到来，它才会开屏。此图寓意：吉祥美好，喜迎最美者的到来。

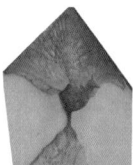

万年青：万年青为多年生常绿草本植物，民间视为吉祥物，寓意健康长寿，永远年青。

鹿、竹、松（砖雕）：鹿是善灵之兽，可镇邪。"鹿"与"禄"谐音，象征吉祥、富裕和长寿。竹有节，且挺拔四季长翠，象征顽强的意志和傲岸风骨。松象征傲骨和长寿。此图寓意富裕、长寿、高雅、傲岸。

六合同春（砖雕）：梧桐树为灵树，"梧桐"与"合同"谐音。"鹿"和"六"谐音。竹笋，象征春天，"竹"与"祝"谐音。六合指东南西北天地，泛指天下。六合同春寓意敬祝国家繁荣昌盛，事业迅速发展。

牡丹（砖雕）：牡丹为百花之王，一品国色天香，象征富贵、美好、繁荣兴旺。

大象贡物（砖雕）：大象，寓大吉祥、万象更新。货筐里有仙桃、佛手、万瓜（南瓜）、葡萄、石榴、蔬菜等。寓农业丰收，物产丰富，大吉大利。

瓶、笙、三支戟（砖雕）：瓶与平谐音，笙与升谐音，戟与级谐音。寓平升三级。说一个人官运亨通。

横枋

水仙蝴蝶："蝶"和"耋"同音，耋，高寿老人。水仙的仙，同神仙的仙，象征长寿吉利。

如意、绶带：如意原是写有经文的器物，法师讲经时，持于手上，以防讲经时遗忘，后成为寓意吉祥的器物。绶与寿谐音。喻长寿康乐。

蜜蜂、黍粒、蔓花组合成灯："蜂"与"丰"谐音，"灯"与"登"谐音，"蔓"与"万"谐音，寓意五谷丰登，万代富足。

饕餮：龙的九子之一，性好饮食。喻贪食。

平棋

仙鹤献蟠桃：仙鹤为道教中太乙真人坐骑，象征长寿。蟠桃为西王母所种，食后可长生不老。图寓健康长寿、长生不老。

大门上

椒图：龙的九子之一，习性好闭，不喜别人打

扰。是大门上常见的辅首装饰。寓意是保家宅平安，不受外邪侵犯。

门板上的暗八仙：八仙集合了社会上各种角色，有广泛的代表性。暗八仙由传说中的八位神仙所持的宝物组成。因只见宝器不见神仙，故称之为暗八仙。寓清平盛世、健康长寿、吉祥如意，也寓有神通广大之意。

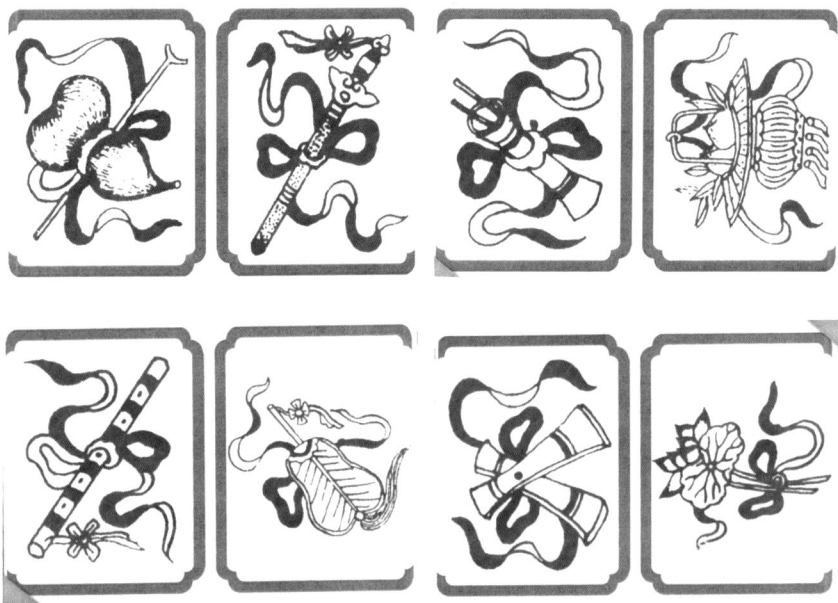

丰富多彩的窗

窗其实是一樘缩小了的门。在封建等级社会里，窗没有门那样的官方定制规范，所以能工巧匠在设计和制作时，能充分发挥自己的才华技艺。这使窗子比任何建筑装饰更为丰富多彩、生动活泼，且流露出更多的真性情。

这样的窗，大治河畔的农村里，人们都看到过、拥有过，有的现在还在为你服务。

墙上的窗

洞窗：洞窗打破了呆板，打破了沉闷，使墙体两面一脉贯通，荡气回肠。

草根花窗：看到这扇花窗，你会眼睛一亮，这不是伴我成长的农村老家的护院墙吗？墙壁中上部，有着许多由"85砖"叠砌出的洞洞。夏天，从洞孔里进来的习习凉风吹在身上的那种惬意，至今记忆犹新；冬天，穿过洞孔的阳光，在院子地面上画出的动漫，至今还在眼前浮动。

在我享受护院墙带给我的凉爽和欢乐时，我还不知道由一长串洞洞组成的横长窗被称作为花窗。上了年纪的人还说窗屉图纹不是随便叠砌的而是有意义的，可是谁也说不出个完整确切的意

思，这使我生发了要破解它的冲动。这一冲动让我付出了半个世纪的努力。现在我将自己对图纹的理解写在下面，以祈教于大家。

那由八块砖头叠砌而成的，是个变体的十字图文，而十字及其变体纹样，有着好几种象征涵义：

十字是阳光四射的简化符号，是太阳神的象征。这是世界各民族中比较普遍的一种认同。

十字的竖线代表天或男性，横线代表地和女性，中间交点则代表天（男）与地（女）的结合，正是这一结合。诞生了世界。

十字的四个方向长度相等，所以它代表平等，也可以说是人类联合的象征。

在佛教里，十还是完满的意思。

这，还不是十字象征意义的全部。

直棂窗：虽然粗糙简陋，但它使其他的花窗成了附庸，更使当代的窗子裸出了尴尬，它是农耕时代草根文化的遗存。

海棠花纹窗：中心及四边为海棠花纹，以万字纹互相连通。寓有阖家幸福，万事吉祥。图纹优雅可人。

菱形纹窗：中心为菱形纹，上下左右饰如意祥云纹，四角嵌以葫芦纹。寓有如意吉祥，有福有禄。棱和灵谐音，有充满灵气的寓意。

万字纹窗：以万字纹为中心，周饰如意头纹，四角嵌蝙蝠纹，喻万事如意。

柿蒂纹窗：这是一樘由六块彩陶铸件组成的花窗。柿树是树木扎根最牢固的树。古人称柿树有七德：长寿、多阴、无虫

蚀、无鸟巢、霜叶可玩、果实味美、落叶可临书。柿和事谐音，柿纹象征事事如意，家业国业稳固。

四蝶捧牡丹窗：四蝶捧牡丹，上下左右嵌贝叶纹。象征富贵长寿。贝叶有消灾避邪保平安的吉祥涵义。蝴蝶是美的化身，是美好生活的象征。也是坚贞爱情的象征。蝴蝶是春意烂漫的使者，所以还是生命力的象征。蝶和耋谐音，喻长寿健康。

太阳如意纹窗：以圆形太阳为中心，周围及四角为如意头云纹。象征旭日东升，蒸蒸日上，吉祥如意。如意云纹的曲线美使方形的窗框充满了动感

灵芝花纹窗：中心和四角为灵芝花纹，上下左右饰以如意头。象征如意长寿。灵芝，为古代神话中的不死之药。图中灵芝花像姑娘辫子上的蝴蝶结，使方正的窗宿有了动人的旋律。

金鱼聚头灵芝花窗：四条金鱼聚头灵芝花，上下左右嵌如意云纹。鱼与余谐音，鱼和玉谐音，比喻金玉满堂，子孙满堂，长寿永康，吉庆如意。

龟纹中嵌海棠花窗：龟纹中嵌四朵海棠花、二枚拟日纹。象征正大光明、坦荡磊落，满堂生辉，健康长寿。

房屋上的窗

房间直棂窗：这是农耕时代极常见的窗，装在屋檐下可避雨，能透点光、通点气。窗子高宽比例一般为 19:21，但由于九根木质窗棂直通上

下，不敷一点装饰，所以使人误以为窗子是方形的。古人的高明令人钦佩。

木板窗：这是甚为古老的窗。可以挡风雨，但不透光，不透气，只有在没有雨和大风的时候，才可敞开以纳阳光和新鲜空气。

铁皮窗：这种窗在农村里比较少见。它是在窗框外面钉一块铁皮，比木窗要牢固耐用得多，而且防卫功能比较强。

蛳壳窗：在玻璃传入我国之前，我们海边的人，将蛤蜊等贝壳捣碎成粉，并用糯米汁等胶汁把贝壳粉拌和成团，再做成各类形状，各种尺寸的薄片，然后把薄片嵌在窗格子里，这样的窗人们称它为蛳壳窗。它能挡风雨，能透点模糊的光线。大约在 1958 年之前，农村里还能看到此类窗樘。

直棂玻璃窗：玻璃传入我国后，我们聪敏的前辈，在木棂窗的外面做了一档玻璃窗。这种窗，既能透光通气，防风雨，又有防盗的作用，是我地农村最多的窗户。

"寿"字图案窗：这是农村中比较多见的窗，带有装饰的质朴。意为祝福、健康长寿。

"十字海棠"图案门窗：这扇门上的窗，既有实用价值，又有装饰的性能。窗形图案为十字海棠，棠与堂谐音。寓四世同堂，家庭和睦美满。

"灯笼"图案窗：这种"灯笼"形的装饰窗，做工精细，造型华美。灯笼象征前途光明，五谷丰登，步步登高。灯和登谐音。

主要参考书目

1. 曹聚仁、舒宗侨《中国抗战画史》 中国文史出版社 2015 年 7 月版

2. 许焕隆《中国现代新闻史简编》 河南人民出版社 1988 年 5 月版

3. 上海新闻志编纂委员会编《上海新闻志》 上海社科院出版社 2000 年 2 月版

4. 沈建中编《抗战漫画》 上海社科院出版社 2005 年 8 月版

5. 沈建中编《时代漫画（上下）：1934—1937》 上海社科院出版社 2004 年 10 月版

6. 韩辛茹《陆诒》 人民日报出版社 1996 年 1 月版

7. 淞沪抗战纪念馆编《淞沪抗战遗迹大观》 上海人民出版社 2005 年 8 月版

8. 熊月之《千江集》 上海人民出版社 2011 年 1 月版

9. 吴玉林主编《本地闲话》 上海书店出版社 2017 年 12 月版

10. 闵行区浦江镇人民政府编《陈行镇志》 上海人民出版社 2019 年 6 月版

11. 闵行区浦江镇人民政府编《鲁汇镇志》 上海人民出版社 2014 年 6 月版

12. 朱亚民《我和浦东抗日游击队》 上海人民出版社 1996 年 11 月版

13. 西丁主编《美术辞林·漫画艺术卷》 陕西人民美术出版社 2000 年 11 月版

14. 张军延《兰台印痕》 闵行区档案馆 2019 年 3 月版

15. 褚半农《莘庄方言》 学林出版社 2013 年 6 月版

16. 中共上海市委党史资料征集委编《上海郊县抗日武装斗争史料》上海社会科学院出版社 1986 年 10 月版

17. 薛振东、柴志光编著《上海郊县抗日武装斗争》 上海人民出版社 2001 年 9 月版

18. 《中国抗日战争史》编写组编《中国抗日战争史》 人民出版社 2011 年 9 月版

19. 上海浦东新区档案馆编《浦东进士举人名录》 华夏文化出版社 2013 年 12 月版

20. 陆诒《文史杂忆》 中国人民政治协商会议上海市委员会文史资料委员会 1994 年 5 月内部资料

21. 陆诒、黄炎培、王永德等《热河失陷目击记》 中外出版公司 1933 年 5 月版

22. 《上海音乐志》编辑部编《上海音乐志》 上海市新闻出版局 2001 年 1 月内部资料

23. 上海群众文化志编纂委员会编《上海群众文化志》 上海文化出版社 1999 年 8 月版

24. 上海文化艺术志编纂委员会编《上海文化艺术志》 上海社会科学院出版社 2001 年 12 月版

25. 祝鹏《上海市沿革地理》 学林出版社 1989 年 10 月版

26. 上海地方志办公室编《上海乡镇旧志丛书》 上海社科院出版社 2005 年 2 月版

27. 黄浦区志编纂委员会编《黄浦区志》 上海社科院出版社。1996 年 4 月版

28. 上海南汇地方志办公室编《上海府县旧志丛书·南汇县卷》 上海古籍出版社 2009 年 12 月版

29. 上海奉贤地方志办公室编《上海府县旧志丛书·奉贤县卷》 上海古籍出版社 2009 年 12 月版

30. 顾德法《特种稻米研究与开发利用》 中国农业科技出版社 1995 年 9 月版

后记

2023 年 11 月，我应邀参加了由闵行区文旅局、浦江镇相关领导召开的大治河地域文化座谈会。尽管我两次感染新冠病毒，健康和思维受到了影响，但还是接受了写作任务，因为为家乡服务是我不变的心愿。

经过一年的勘察采访、查阅文档、撰稿改文等工作，《大治河畔》如今终于脱稿了。

回望汤汤东去的大治河，我感慨万千，我的家乡风景是那样的美丽，文化是那样的绚丽，历史是那样的厚朴。我爱家乡，我爱大治河。

以时代的价值元素构架《大治河畔》，对我来说是一次学习、一次考试。在八秩之年能分享这样的机遇，我感恩。

在《大治河畔》付梓出版之际，我——

诚挚感谢闵行区文化和旅游局、浦江镇党委政府领导们对本书出版的大力关心与支持。

诚挚感谢闵行区档案馆对本书出版所给予的帮助。

还要感谢元心图文公司对本书出版所给予的帮助。

撰写《大治河畔》对我来说，已经十分努力，但由于水平有限，广查深研不够，所以书中存在的不足和错误肯定不少，有鉴于此，诚望读者和方家不吝指教。

绘画：朱启中

摄影：陶颂华、朱启中、孙斌、陈志明、张永康、徐德仁、顾福根、瞿金良、曹新民、陆惠民、孙馗、孙亚芳、陈公益

2024 年 11 月

图书在版编目（CIP）数据

大治河畔 / 陈公益著. -- 上海 : 文汇出版社,
2025. 5. -- ISBN 978-7-5496-4502-2
　　Ⅰ. K820.851.3
　　中国国家版本馆CIP数据核字第2025CR6109号

大治河畔

作　　者 / 陈公益

策划编辑 / 陈　屹
责任编辑 / 钱　斌
装帧设计 / 张　晋

出 版 人 / 周伯军

出版发行 / 文汇出版社
　　　　　　上海市威海路755号
　　　　　　（邮政编码200041）
经　　销 / 全国新华书店
印刷装订 / 上海颛辉印刷厂有限公司
版　　次 / 2025年5月第1版
印　　次 / 2025年5月第1次印刷
开　　本 / 787×1092　1/16
字　　数 / 186千
印　　张 / 12.75

ISBN 978-7-5496-4502-2
定价 / 80.00元